**Por que os
homens
preferem
as mulheres
mais velhas?**

Mirian Goldenberg

Por que os homens preferem as mulheres mais velhas?

1ª edição

EDITORA RECORD
RIO DE JANEIRO • SÃO PAULO
2017

CIP-BRASIL. CATALOGAÇÃO NA PUBLICAÇÃO
SINDICATO NACIONAL DOS EDITORES DE LIVROS, RJ

G566p   Goldenberg, Mirian
      Por que os homens preferem as mulheres mais velhas? /
      Mirian Goldenberg. – 1ª ed. – Rio de Janeiro: Record, 2017.

      ISBN: 978-85-01-11019-0

      1. Relação homem-mulher – Aspectos sociais. I. Título.

                    CDD: 306.7
17-39407   CDU: 392.6

Copyright © Mirian Goldenberg, 2017

Todos os direitos reservados. Proibida a reprodução, armazenamento ou transmissão de partes deste livro, através de quaisquer meios, sem prévia autorização por escrito.

Texto revisado segundo o novo Acordo Ortográfico da Língua Portuguesa.

Direitos exclusivos desta edição reservados pela
EDITORA RECORD LTDA.
Rua Argentina, 171 – Rio de Janeiro, RJ – 20921-380 – Tel.: (21) 2585-2000.

Impresso no Brasil

ISBN 978-85-01-11019-0

Seja um leitor preferencial Record.
Cadastre-se em www.record.com.br e receba
informações sobre nossos lançamentos e nossas promoções.

EDITORA AFILIADA

Atendimento e venda direta ao leitor:
mdireto@record.com.br ou (21) 2585-2002.

Sumário

No século passado... 7

Introdução 11

A juventude como valor e o pânico feminino
de envelhecer 15

As coroas periguetes 27

Da realidade à ficção 49

O tabu da idade 65

Por que os homens preferem as mulheres
mais velhas? 79

Por que as mulheres preferem os homens
mais jovens? 99

O inferno são as outras mulheres 115

Quais são os segredos de um casamento feliz? 121

Referências bibliográficas 125

No século passado...

Ela é uma viúva muito rica.

Ela tem um casal de filhos adultos.

Ela mora sozinha em uma bela casa cercada de jardins.

Ela tem uma melhor amiga muito fofoqueira.

Ela tem um pretendente velho e hipocondríaco.

Ela participa de reuniões sociais com mulheres casadas cuja principal atividade é falar mal da vida dos outros.

Ela repara no jovem, belo e alto jardineiro que trabalha no seu jardim.

Ela é muito mais velha do que ele.

Ela convida o jardineiro para tomar um café.

Ele aceita.

Ela pergunta se ele quer almoçar.

Ele aceita só o café e um brioche.

Ele fala do seu trabalho no jardim.

Ela gosta da conversa.

Ela tira o luto e escolhe um lindo vestido vermelho para ir a uma festa com o pretendente mais velho.

Ela leva um susto quando é inesperadamente beijada por um homem casado na festa.

Ela é pedida em casamento pelo velho hipocondríaco.

Ela é convidada para conhecer a casa do jardineiro.

Ela recusa o convite.

Ela muda de ideia e aceita o convite.

Ela fica encantada com a casa do jardineiro.

Ela adora conversar com o jovem jardineiro.

Ela tropeça na escada.

Ele a segura.

Eles se beijam apaixonadamente.

Ele a apresenta a um grupo divertido de amigos e amigas.

Ela se preocupa quando ele ri com um amigo.

Ela pensa: "Será que estão rindo porque eu sou uma velha?"

Ela pergunta por que estão rindo.

Ele diz que comentou com o amigo que ela tem as mais belas pernas que ele já viu.

Ela sorri aliviada e feliz com o elogio às suas belas pernas.

Ela está apaixonada pelo jovem jardineiro.

Ele está apaixonado pela rica viúva.

Ela se sente ameaçada com a presença de mulheres mais jovens.

Ela está preocupada com os comentários das amigas fofoqueiras.

Ele a pede em casamento.

Ela não responde.

Ela o apresenta aos filhos.

Ela fica assustada com a reação negativa dos filhos.

Ela leva o jardineiro a uma festa dos amigos ricos e esnobes.

Ela se preocupa muito com a diferença de idade.

Ele está muito feliz de ter encontrado a mulher da sua vida.

Ele não enxerga a diferença de idade.

Ele não se incomoda com a diferença social.

Ele não se sente diminuído.

Ela sofre com a rejeição dos filhos e das amigas.

Ela pensa: "Como será quando eu for ainda mais velha?"

Ele diz que ela será sempre o amor da sua vida.

Ele quer ter uma vida simples e feliz com a viúva.

Ela não tem coragem de viver um amor inaceitável.

Ela não consegue resistir à pressão dos filhos e das amigas fofoqueiras.

Ela desiste do seu amor.

Ela fica sozinha em sua bela casa.

Ela é abandonada pelos filhos e amigas.

Ele sofre um grave acidente.

Ele sobrevive por um milagre.

Ela fica desesperada quando sabe que ele quase morreu.

Ela volta para cuidar do seu amor.

Ele e ela são os protagonistas do filme *Tudo o que o céu permite*, de 1955.

Ele é interpretado pelo galã de 30 anos Rock Hudson. Ela é interpretada pela atriz de 38 anos Jane Wyman. No final feliz do filme, eles ficam juntos para sempre. E na realidade?

Introdução

Por que determinados homens se casam com mulheres mais velhas?

Por que algumas mulheres se casam com homens mais jovens?

Quais são os estigmas e preconceitos existentes?

Desde 1988, venho realizando pesquisas que têm como foco os novos arranjos conjugais na cultura brasileira. Publiquei inúmeros livros e artigos sobre infidelidade, amor, sexo e família. Agora decidi investigar uma questão que me inquieta há alguns anos: se o casamento com homens "inferiores" é algo desviante na nossa cultura, por que algumas mulheres se casam com homens mais jovens? Mais ainda: se a juventude feminina é um capital, por que alguns homens se casam com mulheres mais velhas?

O título do livro é, obviamente, uma provocação. Seria muito mais correto perguntar: Por que alguns (poucos) homens brasileiros se casam com mulheres mais velhas?

É fácil constatar que a grande maioria dos homens prefere se casar com mulheres mais jovens. E que a maioria das mulheres procura um marido que seja "superior": mais velho, mais alto, mais forte, mais rico, mais poderoso, mais bem-sucedido.

Como lembrou Pierre Bourdieu (2010), a mulher só pode querer um homem cuja dignidade esteja claramente atestada no fato de que "ele a supere visivelmente". O homem deveria, então, sempre ocupar a posição dominante no casal, já que a mulher se sentiria diminuída com um "homem diminuído". Esta é a lógica da dominação masculina que assegura a superioridade masculina nos relacionamentos afetivos e sexuais.

Dentro da lógica de dominação masculina, os que são dominados contribuem, muitas vezes inconscientemente ou até mesmo contra a sua vontade, para a própria dominação, aceitando os limites socialmente impostos.

No entanto, alguns homens e mulheres conseguem escapar da lógica da dominação masculina, invertendo as escolhas amorosas e sexuais consideradas socialmente mais legítimas.

Desde a publicação de *A Outra* tenho me dedicado a estudar diferentes arranjos conjugais: homens casados e suas amantes mais jovens; homens e mulheres casados da mesma faixa etária; homens casados com mulheres mais jovens; e, agora, mulheres casadas com homens mais jovens.

Neste livro, apresento os resultados de dois grupos focais: o primeiro com doze mulheres casadas com homens mais jovens, o segundo com dez homens casados com mulheres mais velhas. Após os grupos, realizei trinta entrevistas, quinze com homens e quinze com mulheres. Trabalhei com casais que estão juntos há mais de dez anos. Elas são, pelo menos, dez anos mais velhas do que os maridos. Em alguns casos, mais de vinte anos mais velhas.

Todas as pesquisadas já foram casadas e têm filhos dos casamentos anteriores — em alguns casos, os filhos são da mesma idade do atual marido, ou até mesmo mais velhos. Muitas têm netos. Todas têm nível universitário e são moradoras da Zona Sul do Rio de Janeiro. São advogadas, administradoras de empresa, psicólogas, farmacêuticas, fisioterapeutas, professoras, arquitetas, designers, corretoras, funcionárias públicas, escritoras, fonoaudiólogas, nutricionistas, jornalistas, empresárias, analistas de sistemas, atrizes, cantoras, contadoras, vendedoras, gerentes, médicas, enfermeiras, engenheiras.

Os homens pesquisados estão em seu primeiro casamento e não têm filhos. Nem todos têm nível universitário. São economistas, administradores de empresa, atores, arquitetos, professores, escritores, médicos, músicos, policiais, militares, engenheiros, jornalistas, analistas de sistemas, empresários, advogados, gerentes, vendedores, funcionários públicos. Antes de casar, eles moravam na Zona Norte ou em subúrbios da cidade do Rio de Janeiro.

Não é minha intenção fazer neste livro uma defesa ou uma militância em prol deste tipo de arranjo conjugal. Mas é impossível não reconhecer que os casais pesquisados parecem ser muito mais satisfeitos e apaixonados do que os casais, também por mim estudados, que experimentam outros arranjos conjugais que ocorrem mais comumente em nossa sociedade.

De todos os tipos de casamento que estudei, o que me pareceu mais feliz foi exatamente aquele em que a mulher é mais velha do que o marido. Somente nestes casamentos percebi um equilíbrio que, se não evita, ao menos minimiza os jogos de dominação, os conflitos e as disputas presentes em casamentos considerados mais "normais" ou "convencionais".

Por que os homens preferem as mulheres mais velhas? discute inúmeras questões que angustiam homens e mulheres de todas as idades: amor, desejo, sexo, fidelidade, reconhecimento, felicidade, entre tantas outras. Os casamentos estudados, mesmo sendo raros, revelam as transformações experimentadas, de forma mais ampla, pelos diferentes arranjos conjugais contemporâneos. Eles têm muito a ensinar sobre o que é realmente importante para um casamento ser mais satisfatório e feliz.

A juventude como valor e o pânico feminino de envelhecer

Nas últimas três décadas, pesquisando moradores da cidade do Rio de Janeiro, tenho sido constantemente surpreendida pela frequência com que a categoria "corpo" está presente no discurso de homens e mulheres da classe média. Foi a partir da pesquisa com este universo que criei a ideia de que, no Brasil, o corpo é um verdadeiro capital, especialmente para as mulheres.

Assim como nos meus estudos anteriores, na pesquisa atual uma das maiores queixas femininas é a decadência do próprio corpo. Elas sofrem com o medo de perderem o "corpo-capital": jovem, magro e atraente. Também sofrem por se sentirem invisíveis, transparentes e desvalorizadas no mercado afetivo e sexual.

Quando fiz 50 anos, achei que nunca mais teria um homem para chamar de meu. Me senti uma velha caquética e flácida, invisível, ignorada pelos homens. Nunca mais recebi aquelas paqueras gostosas e engraçadas, achei que seria aquela velha solitária, sem vida amorosa e sexual. Meu ex logo se casou com uma garota toda gostosinha da idade da nossa filha. E eu só ouvindo das amigas: "Falta homem no mercado." Que desespero. (Rosa, 65; marido, 53)

No livro *A bela velhice*, analisei as respostas para a questão: "Dê um exemplo de uma pessoa pública que envelheceu mal." Todas as respostas foram de atrizes, cantoras e apresentadoras de programas de televisão que se excederam nas cirurgias plásticas, tornando-se, segundo os pesquisados, "monstros", "deformadas", "desfiguradas", "esticadas", "artificiais".

Também foram citadas atrizes, cantoras e apresentadoras que são vistas como tendo comportamentos inadequados para a idade, como "namorar garotão" ou "usar minissaia, decote e roupa muito justa". Elas foram acusadas de ser "ridículas", "patéticas", "sem noção", "escandalosas", "coroas periguetes", "vovós periguetes", "velhas papa-anjo", "velhotas depravadas", "velhas decadentes", "velhas decrépitas". A principal razão para serem apontadas como exemplos de mau envelhecimento foi: "Elas não aceitam a idade que têm."

É importante ressaltar que os homens não foram citados como exemplos de mau envelhecimento. A grande maioria das respostas sobre mau envelhecimento esteve concentrada em mulheres famosas. Foram feitas avaliações distintas a respeito dos envelhecimentos masculino e feminino. As mulheres foram muito mais julgadas pelo comportamento e pela aparência.

O problema não é exatamente o fato de as mulheres citadas como exemplos de mau envelhecimento terem feito plásticas ou namorarem homens mais jovens. Outras mulheres famosas fizeram plásticas e têm relacionamentos com homens mais jovens e não foram lembradas. As famosas citadas são vistas como negando a idade e fingindo ser jovens. A não aceitação da própria idade é, para os pesquisados, o verdadeiro problema do mau envelhecimento.

Quando perguntei "Você deixaria de usar algo porque envelheceu?", a diferença de gênero foi gritante: 96% das mulheres disseram que sim, enquanto 91% dos homens responderam que não.

As mulheres enfatizaram que não usariam minissaia. Também disseram que não vestiriam shorts, biquínis, roupas justas e decotadas, acessórios exagerados, que não teriam cabelos longos e que não usariam franja e rabo de cavalo.

Para as pesquisadas, uma mulher mais velha que usa minissaia é "ridícula".

As mulheres são muito cruéis, preconceituosas e violentas com quem quer envelhecer em paz, usando minissaia, cabelos compridos, biquínis ou qualquer outra coisa fora do padrão. O que eu já ouvi de mulheres insinuando que vou ficar uma velha ridícula porque adoro uma saia curta e um argolão, e, pior ainda, porque me casei com um garotão. (Leona, 40; marido, 30)

É curioso perceber que a minissaia, símbolo da libertação feminina nos anos 1960, foi o item mais citado como proibido para as mulheres que envelhecem. Esta proibição parece sintetizar a rejeição do corpo e da sexualidade da mulher mais velha.

A aposentadoria da minissaia e de outras roupas consideradas jovens revela um controle social muito maior sobre o envelhecimento feminino do que sobre o masculino. Os homens pesquisados disseram que não mudariam nada na sua forma de vestir, permanecendo, quando mais velhos, fiéis ao estilo que sempre tiveram.

Apesar do discurso vitimário que enfatiza as perdas relacionadas ao envelhecimento feminino, muitas pesquisadas mostraram que o seu principal capital foi conquistado com a maturidade: a liberdade. Disseram que, mais velhas, conseguiram ter liberdade para "serem elas mesmas" e não se incomodar com a opinião e o julgamento dos outros. Passaram a valorizar a liberdade de se comportar e se vestir como bem entenderem.

Um exemplo de mulher que valoriza a liberdade e "não dá bola para os preconceitos" é o de uma professora aposentada de 68 anos, que mostrei no livro *Por que homens e mulheres traem?* Ela me contou que está muito feliz, pois namora, há mais de dois anos, um homem muito mais jovem do que ela. Ele tem 40 anos e é casado com uma mulher de 32.

Ele diz que está comigo porque sou carinhosa, compreensiva, alegre. Ele me chama de *sweetheart*. Reclama que a mulher dele é muito mandona, briga muito, exige demais. Ele morre de medo dela. Sabe como ele chama a mulher? Madame Min, bruxa, megera... Ele sente falta de carinho, de aconchego, quer alguém que cuide dele, que o admire, que o respeite. Sei que não é por falta de opção que ele está comigo. Então, capricho. Estou sempre cheirosa e arrumada, sou supercarinhosa, cuido dele, faço muita massagem, preparo comidinhas gostosas, sou compreensiva, atenciosa, digo que ele é o melhor amante do mundo. Não cobro nada, não reclamo de nada. E ele sempre volta para mim.

Outro caso é o de uma atriz de 60 anos. Ela é amante, há mais de três anos, de um engenheiro de 35 anos. A esposa dele tem 29 anos e ele tem dois filhos.

O meu segredo é ter dito desde o início: "Não quero nada sério, não quero compromisso, já casei, já tive filhos, tenho até netos, agora eu quero me divertir." Tenho certeza de que foi isso que o conquistou. Os homens ficam loucos quando uma mulher não quer compromisso. Eles estão acostumados com mulheres grudentas, desesperadas para casar e ter filhos. Desde o início, levei tudo na brincadeira. E é uma delícia. A mulher dele pode ter bunda durinha, peito durinho, pele cheia de colágeno, mas é uma chata de galocha, infantil, imatura, como qualquer mulher nesta idade.

Ele diz que a minha maturidade, liberdade e leveza são muito mais atraentes. Ele vive repetindo que eu sou uma mulher interessante, coisa rara no mercado.

Como mostrarei neste livro, muitas mulheres mais velhas não se excluem do mercado afetivo e sexual, apesar de não corresponderem a um determinado modelo de juventude. Muito além do "corpo-capital", elas revelaram outros atributos que parecem ser extremamente atraentes para os homens, especialmente para os mais jovens.

No entanto, é indiscutível que a grande maioria das mulheres brasileiras tem pânico de envelhecer.

Vivenciei um bom exemplo deste medo há alguns anos quando participei de um debate na Bienal do Livro do Rio de Janeiro com o título "Elas não envelhecem mais: as novas velhas".

Como escrevi no livro *Coroas*, comecei discordando do título, dizendo que no Brasil envelhecemos, sim, e precocemente. Aos 30 anos já estamos preocupadas com os primeiros fios de cabelo branco, as rugas e os quilos a mais.

Na Alemanha, onde fiquei alguns meses entrevistando mulheres de mais de 50 anos, elas não mencionaram esses problemas. Falaram do trabalho, da casa, das viagens, dos projetos e não demonstraram preocupação com a velhice.

Aqui, mesmo antes dos 30, as mulheres reclamam muito da decadência do corpo e da falta de homem.

Ou ainda das faltas dos seus homens (falta de reconhecimento, de comunicação, de atenção, de escuta, de romance, de carinho, de elogios, de fidelidade etc.).

Contei o caso de uma carioca de 50 anos, magra e bonita, que encontrou por acaso o ex-marido, de 60 anos, barrigudo, careca e sem alguns dentes. Olhando para o pescoço dela, ele disse: "Você envelheceu um pouquinho." Para em seguida acrescentar: "Mas as suas mãos continuam jovens." Traumatizada com o olhar acusador do ex, ela agora só anda de echarpe para esconder a velhice retratada no pescoço.

Deixei uma pergunta no ar: em uma cultura que valoriza o corpo como um verdadeiro capital, como as mulheres poderiam se libertar dessa prisão?

Uma possível resposta parece estar em um público novo, diferente, alegre, que tenho encontrado nas minhas palestras. É um grupo muito interessante e interessado, cada vez mais presente em debates sobre envelhecimento e felicidade. É um grupo animado, atento, curioso, e também muito colorido, elegante e questionador.

Afinal, que grupo é esse que tem chamado a minha atenção e que parece crescer muito rapidamente?

A grande maioria é de mulheres, muito singulares e diferentes umas das outras. Os cabelos são loiros, castanhos, pretos, vermelhos ou brancos, curtos ou longos, as unhas pintadas, muitas capricham na maquiagem e nos acessórios. Chegam cedo, sentam nas primeiras filas, ficam até o final, fazem perguntas e ainda me abordam para contar as suas vidas. A maioria mora sozinha. Muitas não têm empregadas e faxineiras. Desejam usufruir plenamente a liberdade de fazer o que quiserem, sem prestar contas a ninguém. Saem e viajam muito, sozinhas ou com as amigas. Adoram atividades culturais, vão muito ao cinema, teatro e debates. Algumas são minhas alunas na Casa do Saber. Muito bem informadas, todas estão no Facebook.

Muitas são viúvas, outras são casadas e algumas têm namorados, amantes ou "ficantes" bem mais jovens. Muitas já são avós e até mesmo bisavós.

Todas adoram ir a bailes e fazer exercícios (em praias, praças, clubes ou academias). Muitas dirigem seus carros. Algumas me mostraram as tatuagens que fizeram recentemente e contaram que vão à praia de biquíni.

Não escondem nem mentem a própria idade. Muito pelo contrário. Afirmam orgulhosamente que já passaram dos 60, 70, 80 anos. Algumas têm (inacreditáveis) 95 anos.

Essas belas velhas me ensinaram a enxergar o meu próprio envelhecimento com mais carinho e poesia. Foi pensando nelas que escrevi o "Manifesto das Coroas Poderosas".

Como o Manifesto sempre faz muito sucesso nas minhas palestras, decidi publicá-lo também neste livro, como já fiz em *A bela velhice* e *Coroas*, só que agora sem o asterisco que usei no final para substituir o palavrão.

Acrescentei alguns novos elementos ao meu Manifesto inicial, pensando nas coroas periguetes que, além de poderosas, contestam as regras sobre as roupas e os comportamentos (especialmente os amorosos e sexuais) aceitáveis socialmente e considerados adequados às mulheres mais velhas.

Manifesto das Coroas Poderosas

A coroa poderosa não se preocupa com rugas, celulites, quilos a mais. Ela está se divertindo com tudo o que conquistou com a maturidade: liberdade, segurança, charme, sucesso, reconhecimento, respeito, independência e muito mais.

Ela quer rir, conversar, sair, passear, dançar, viajar, estudar, cuidar da saúde, ter bem-estar e qualidade de vida; enfim, "ser ela mesma" e não responder, desesperadamente, às expectativas dos outros. Quer exibir o corpo sem medo do olhar dos homens e das mulheres, sem vergonha das imperfeições e sem procurar a aprovação dos outros.

Quer namorar com quem ela bem entender (não importa a idade), fazer amor quando quiser e beijar muito na boca. Ou também pode não querer mais nada disso. Quer vestir a roupa de que mais gosta, mesmo que seja considerada velha demais para usar minissaia, biquíni, shorts, jeans e botas.

A coroa poderosa descobriu que a felicidade não está no corpo perfeito, na família perfeita, no trabalho perfeito, na vida perfeita, mas na possibilidade de "ser ela mesma", exercendo seus desejos, explorando caminhos individuais e tendo a coragem de ser diferente. Ela sabe que não deve jamais se comparar a outras mulheres, porque cada uma de nós é única e especial.

Portanto, como presidente, secretária, tesoureira e única militante do "Movimento das Coroas Poderosas" (já que todas as amigas que chamei para participar do grupo se sentiram ofendidas), convoco todas as mulheres, de qualquer idade, que estão cansadas de sofrer com os preconceitos, com os tabus e com as prisões sociais a se unirem ao nosso grito de guerra:

"Coroas poderosas unidas jamais serão vencidas!"

"Fodam-se as rugas, as celulites e os quilos a mais!"

O Manifesto é dedicado a todas as mulheres — e também aos homens — que querem ter o direito de envelhecer com liberdade, prazer e felicidade. E, principalmente, com muito bom humor.

Todos nós somos ou seremos velhos ou velhas, hoje ou amanhã. Velho não é o outro; velho sou eu. Velha não é a outra; velha sou eu. Não existe outra categoria social que atinja tão ampla e democraticamente todos os indivíduos do planeta.

Em homenagem aos velhos de hoje, e aos velhos de amanhã, escrevi a crônica "Velho é lindo!", para a *Folha de S.Paulo*. Considero o texto um verdadeiro antídoto contra o pânico de envelhecer e a extrema valorização da juventude na cultura brasileira. Nele, conto um sonho muito especial.

No sonho, eu estava dando aula e dizia para os meus alunos: "A única categoria social que inclui todo mundo é velho. Somos classificados como homem ou mulher, homo ou heterossexual, negro ou branco. Mas velho todo mundo é. O jovem de hoje é o velho de amanhã. Por isso, como nos movimentos libertários do século passado do tipo *black is beautiful*, deveríamos vestir uma camiseta com as ideias 'eu também sou velho!' ou, melhor ainda, 'velho é lindo!'"

Ainda no meu sonho, fomos em passeata até Copacabana, todos unidos, os velhos de hoje e os velhos de amanhã, vestindo camisetas e levando cartazes. Na manifestação, inspirada em Martin Luther King, fiz um discurso apaixonado: "Eu tenho um sonho. Eu tenho um sonho de que um dia o velho será considerado lindo e que poderemos viver em uma nação em que as pessoas não serão julgadas pelas rugas da sua pele, e sim pela beleza do seu caráter. Livres! Somos livres, enfim!"

Acordei de madrugada repetindo alegremente a frase: "Somos livres, enfim!" E com vontade de ir para Copacabana me manifestar gritando: "Eu também sou velha!" e "Velha é linda! Somos livres, enfim!"

Espero que, de alguma forma, este livro contribua para a realização do meu sonho. E que cada vez mais homens e mulheres se libertem dos tabus, estigmas e preconceitos relacionados ao envelhecimento.

Como afirmei em *A bela velhice*, esta fase da vida pode ser, especialmente para as mulheres, um momento de extrema liberdade e felicidade. E também de ousadia, coragem e reinvenção de si.

As coroas periguetes

Mulheres mais velhas que preferem homens mais jovens parecem estar por toda parte.

A revista *Veja* (14/05/2010) listou "As 10 mulheres famosas que são as maiores *cougars*". *Cougar*, de acordo com a matéria, é um termo usado pelos americanos para definir uma mulher de mais de 40 anos, bem resolvida e bem-sucedida, que investe apenas em homens mais novos do que ela: "Uma felina que já criou seus filhos — e agora pode cuidar só dela."

A revista apontou casos famosos de mulheres casadas com homens mais jovens, como: a apresentadora Ana Maria Braga, então casada com um homem 22 anos mais jovem; a cantora Elba Ramalho, que estava namorando um rapaz 33 anos mais jovem; a apresentadora Marília Gabriela, que durante oito anos foi namorada do ator Reynaldo Gianecchini, 25 anos mais jovem; a atriz Susana Vieira, então casada com um mágico e ator 41 anos mais jovem; e a cantora Elza Soares, na época casada com um homem 46 anos mais jovem.

No Brasil, a expressão "coroa periguete" tem sido muito utilizada para classificar, acusar e rotular as mulheres que gostam de homens mais jovens.

Larissa Quillinan (2016) mostrou que o primeiro uso da palavra periguete foi na periferia de Salvador, Bahia, e que a gíria é o resultado da junção das palavras perigosa e *girl*. Periguete, no verbete do *Dicionário Aurélio* de 2012, é uma "moça ou mulher namoradeira" ou, ainda, uma "mulher sexualmente vulgar e escandalosa, que normalmente adora perseguir homens de todos os tipos, principalmente os casados".[1]

As palavras periguete e piriguete são usadas com o mesmo sentido. Prefiro utilizar periguete para enfatizar a ideia de perigo que está associada a este tipo de comportamento.

Para Quillinan, as periguetes denotam perigo por não se adequarem às regras socialmente estabelecidas sobre "ser mulher". No entanto, por questionarem — consciente ou inconscientemente — as normas, as periguetes também podem adquirir poder, desestabilizando as convenções socialmente estabelecidas sobre as diferenças entre homens e mulheres.

Muitas mulheres abusam do estilo periguete não apenas em função do sucesso que ele garantiria com o público masculino, mas, de acordo com Quillinan,

---

[1] Disponível em: <http://blogdogutemberg.blogspot.com/2010/04/dicionario-dos-excluidos.html>.

principalmente pelo desejo de ter em suas próprias mãos o domínio do seu corpo e da sua sexualidade.

Quillinan ressaltou que não tem a intenção de defender que as periguetes subvertem totalmente a lógica da dominação masculina. Para ela, é mais interessante compreender como elas apreendem essa lógica e a reutilizam em seu próprio benefício. Entretanto, destacou que, ao mesmo tempo que as periguetes são um perigo e podem subverter a lógica da dominação masculina, elas podem também, a partir dos seus comportamentos e escolhas, reforçar algumas normas de gênero referentes à dominação masculina, e, dessa maneira, fortalecer os preconceitos contra elas mesmas.

Segundo Quillinan, dentro da categoria periguete, existe uma divisão: há periguetes jovens, chamadas simplesmente de "periguetes", e há periguetes mais velhas, rotuladas de "coroas periguetes".

A coroa periguete adota uma postura duplamente desviante, pois transgride o que é estabelecido socialmente sobre o que é "ser mulher" (ser discreta) e também o que é socialmente estabelecido sobre o que é "ser periguete" (ser jovem).

"Ser periguete" ou "ser uma coroa periguete" não é uma identidade de determinadas mulheres brasileiras. Ser periguete é uma categoria de acusação e de rotulação, um estigma que determinadas mulheres carregam como consequência do seu comportamento sexual e modo de se vestir. No entanto, muitas mulheres acusadas de periguetes manipulam o estigma e utilizam a categoria de acusação como uma forma de conquistar liberdade e poder.

A partir da análise de alguns blogs na internet, Quillinan constatou que as mulheres mais velhas que se relacionam afetiva e sexualmente com homens mais novos são acusadas de ser coroas periguetes.

Quillinan destacou que o tom do estigma conduz as narrativas sobre as mulheres mais velhas que adotam esse estilo, essa ética ou estética, sejam elas celebridades, mulheres do cotidiano ou até mesmo personagens de novelas. Como exemplo, citou o texto "Puxão de orelha: coroa piriguete!", do blogueiro Marcel Kume.

Para o blogueiro, é um paradoxo a mulher mais velha — sexualmente indesejada — adotar um estilo de vida de periguete.

Nas minhas andanças pela vida tenho me deparado com um novo tipo de mulher, a coroa piriguete. Há um tempo atrás, era algo que eu só via na balada, mas elas estão tomando conta do pedaço, dos shoppings, das baladas, dos parques de caminhadas, das redes sociais, enfim, elas estão em todos os lugares. Mas o que vem a ser a coroa piriguete? Coroa piriguete é aquela mulher que já passou dos seus 40 anos e ainda acha que é uma adolescente de 15. Usa roupas ousadas, fala gírias, pega os garotões na balada e acha que está abafando. Sinceramente, defino todas essas atitudes com uma única palavra: RIDÍCULO!

A coroa periguete é aquela mulher que "já passou dos seus 40 anos" e "pega os garotões na balada". Ela é, portanto, uma mulher mais velha que não aceita o imperativo "seja uma velha!" e que não corresponde ao modo de agir e de se vestir considerado socialmente "adequado" para a sua idade, adotando um comportamento visto como ridículo.

O blogueiro continua:

> Discretamente fiz algumas pesquisas para entender o motivo do surgimento dessas estranhas criaturas e o perfil de todas é bastante parecido: mulheres que começaram a se relacionar cedo demais, sofreram algum tipo de desilusão amorosa e estão solteiras — querendo tirar o atraso de uma vida frustrada.
>
> Outra característica que tenho percebido é que essas mulheres são as que mais sofrem emocionalmente, sempre com a sensação de vazio e de serem usadas, mas acredito em um ditado que diz "quem procura acha...". Afinal, se eu me deparasse com uma mulher dessas, ficaria bastante claro que ela só procura curtição e nada mais.

A mulher acusada de ser uma coroa periguete questiona uma das mais importantes regras estabelecidas para uma mulher mais velha: a postura de invisibilidade, apagamento e discrição desejável, como mostrei nos livros *Coroas* e *A bela velhice*.

É instigante pensar que, já que a periguete é bastante exuberante, sexualmente ativa e atraente, tornar-se uma coroa periguete pode ser uma estratégia, consciente ou inconsciente, de visibilidade social.

A mulher acusada de ser uma coroa periguete parece incomodar exatamente por não ter medo ou vergonha de namorar quem quiser, se vestir como gosta, usar minissaias e roupas consideradas inadequadas para a idade. Ela não tem medo das acusações, seja de coroa periguete, seja de velha ridícula. Ela não se torna invisível, muito pelo contrário. É extremamente visível e, ainda por cima, contesta, com seus gostos, comportamentos e escolhas, a lógica da dominação masculina. Ela não aceita os rótulos: "seja uma velha!", "comporte-se como uma velha!", "torne-se invisível!".

Ela não se esconde, não é invisível, não tem vergonha do próprio corpo, das suas escolhas amorosas nem dos seus desejos sexuais.

Ao mesmo tempo que a mulher acusada de ser uma coroa periguete incomoda por questionar os comportamentos de gênero, de conjugalidade e de sexualidade mais amplamente aceitos, ela também pode provocar inveja por não se submeter ao que é socialmente esperado para as mulheres mais velhas. Mesmo que de forma inconsciente, ela combate, com seus comportamentos e roupas, os preconceitos e os tabus relacionados ao corpo, à afetividade e à sexualidade das mulheres mais velhas.

As mulheres rotuladas de coroas periguetes sofrem acusações tanto por suas roupas, acessórios e maquiagem quanto por seu comportamento afetivo e sexual, considerado inapropriado para a idade.

Elas incomodam, questionam e provocam inveja, de um lado, por não se aposentarem da vida amorosa e sexual, como fazem muitas mulheres mais velhas, e, de outro, por não se tornarem invisíveis, como tantas mulheres que envelhecem. Mais ainda, em um mercado afetivo e sexual bastante desfavorável para aquelas que envelhecem, elas seduzem homens mais jovens, disputados pelas mulheres mais jovens, inclusive por aquelas acusadas de ser periguetes: as jovens periguetes.

Nas entrevistas realizadas e no material da mídia, é possível observar que existe um tipo ideal de coroa periguete, uma mulher famosa muito presente, de forma negativa ou positiva, quando se fala de modelos de envelhecimento feminino: a atriz Susana Vieira.

Minha filha vive criticando as coroas periguetes que namoram garotões. Sinto que ela busca me agredir quando critica as mulheres mais velhas que gostam de homens novinhos. Vive chamando a Susana Vieira de velha ridícula, velha sem noção. Mas ela não tem coragem de dizer diretamente que eu também sou uma velha ridícula. (Júlia, 59; marido, 43)

Quando vejo a Susana Vieira, com mais de 70 anos, namorando ou beijando um cara muito jovem, com aquelas minissaias e blusas coladas e brilhantes, aquele cabelão na cintura, acho que ela é a típica velha ridícula. Tenho um pouco de inveja, por ela não ter medo de assumir que gosta mesmo de garotão e por ela não ligar para a opinião dos outros. Ela sempre gostou de garotão, por que deixaria de gostar agora? Eu tenho muito medo e vergonha das pessoas acharem que sou uma coroa periguete. (Helena, 42; marido, 31)

Um pesquisado contou que a esposa foi chamada de: "Velha periguete como a Susana Vieira."

Um colega de trabalho disse brincando que eu adoro uma velha periguete como a Susana Vieira. Fiquei tão puto que respondi na lata: "Prefiro mil vezes uma coroa inteligente do que uma gatinha de bunda durinha que só tem merda na cabeça, como as cretinas que você namora." (Celso, 29; esposa, 42)

Outro pesquisado também usou o exemplo de Susana Vieira, a "vovó periguete", para falar das acusações que a esposa sofreu.

Já ouvi algumas coisas horríveis de mulheres da minha família: velha assanhada, velha ridícula, papa-anjo, tia velha, velha caquética, coroa sem noção, vovó periguete, Susana Vieira daqui a alguns anos. Tudo isso é fruto de muita inveja e frustração delas. Elas nunca vão conseguir ter um homem tão fiel e apaixonado como eu sou pela minha mulher. Minha mulher dá de dez a zero em qualquer garotinha. (Kleber, 45; esposa, 59)

A atriz Susana Vieira foi muito criticada na minha pesquisa sobre "a bela velhice", considerada "ridícula" por seus comportamentos "inadequados para a idade", como, principalmente, o de namorar "garotão" ou "pegar novinhos". Ela aparece como a típica coroa periguete.

No entanto, ela também parece ser uma inspiração para algumas mulheres que a consideram corajosa e transgressora por não ter medo de assumir seus desejos, escolhas e gostos, mesmo tendo mais de 70 anos (ela nasceu em 1942).

> Cada vez que escuto uma mulher chamando a Susana Vieira de velha ridícula porque só namora garotão, eu fico gelada. O Francisco Cuoco tem 83 anos e a namorada dele tem 30. Ninguém diz nada. O pior é que são as mulheres as que mais xingam a Susana Vieira de velha ridícula. É ou não é a pior forma de machismo das próprias mulheres? (Estela, 57; marido, 45)

Algumas pesquisadas disseram que, apesar do "temperamento difícil e polêmico", Susana Vieira se tornou uma espécie de musa libertária por romper com os *scripts* estabelecidos para as mulheres mais velhas.

> Morro de inveja da Susana Vieira. Ela não tem vergonha de tirar fotos de biquíni mesmo estando velha, gorda, flácida, cheia de estrias e celulites. Namora quem ela quer, dá beijo na boca de desconhecido no carnaval.

Acho que sua filosofia de vida é: "Eu só quero ser feliz! Foda-se o que os outros pensam! A vida é minha, eu pago as minhas contas e ninguém tem nada a ver com o tamanho da minha saia ou com a idade do meu namorado." É exatamente por isso que ela incomoda tanto, principalmente as mulheres caretas e preconceituosas. Eu queria ser como ela: poderosa e corajosa, assumir minhas pelancas, botar um biquíni e ser feliz. (Roberta, 61; marido, 47)

Tenho muitas amigas de mais de 60 anos que vivem na *night*, na Lapa. São como a Susana Vieira, só pegam meninos. Têm ficantes, meninos que gostam de coroas. Antes, era mais comum o velho com moça nova. Hoje, você vê muito rapaz novo com mulheres velhas. Eles querem adquirir experiência com mulheres mais maduras, no sexo, na vida, em tudo. (Sara, 63; marido, 52)

Uma matéria de um blog chama Susana Vieira de "vovó periguete".[2]

O carnaval se foi há dez dias, mas faz bem mais tempo que quero falar de uma das eternas musas da festa, seja nos camarotes patrocinados, seja na Sapucaí: Susana Vieira.

Susana causa — em muita gente, arrepios. E não é por causa das besteiras irrelevantes que tem sempre na

---

[2] Disponível em: <http://www.paupraqualquerobra.com.br/2013/02/24/susana-vieira-a-vovo-periguete-por-m-flor/>.

ponta da língua para os repórteres. São seus minivestidos, microshorts, suas fantasias transparentes e coladas ao corpo para descer a avenida.

São os caras dezenas de anos mais jovens que desde sempre a acompanham na condição de namorado. É sua eterna disposição em aparecer que parece desagradar a uma parcela do público. Cadê o senso de ridículo dessa senhora, Brasil?

Pois eu admiro Susana Vieira. Não tanto como atriz, muito menos como pensadora (risos!), mas como a mulher corajosamente livre que é. Capaz de dar um pé na bunda do marido machista que não queria que ela atuasse, isso lá nos anos 60. Admiro por ela ser uma periguete, no melhor sentido, atrevida, justamente por não ter senso de ridículo — e por que deveria?

Susana, mãe e avó, incomoda certa parcela da audiência porque não se recolhe ao papel de vovó que se esperaria de seus 70 e poucos anos. Envelheceu, mas não perdeu o tesão, nem pelas pessoas, nem pela vida. Faz questão de ser gostosa e de mostrar sua gostosura.

Gosta dos homens muito mais novos e, veja que desaforo, eles gostam dela. Foi traída em público, deu barraco (quem nunca?), virou motivo de chacota, expulsou o sujeito de casa. E surgiu, pouco depois, sambando na cara da sociedade com outro, mais jovem ainda.

Em outro blog, Susana Vieira é chamada de "vovó periguete" que "pega um novinho de vez em quando".[3]

---

[3] Disponível em: <http://www.tribunahoje.com/noticia/160004/entretenimento/2015/11/05/solteira-susana-vieira-declara-dispenso--homem-pra-quase-tudo.html>.

AMAMOS NOSSA VOVÓ PERIGUETE!

Susana Vieira continua sacudindo as madeixas por aí, livre e solta. E pegando um novinho de vez em quando, porque ninguém é de ferro.

Solteira aos 73 aninhos, Sussu desabafou à revista *Caras*:

— É muito ruim viver sem um lado afetivo, mas não é o que me move. Mulher não pode achar que veio ao mundo para casar... Dispenso homem para quase tudo.

Na novela das nove, Susanitcha desfila com trajes justíssimos e decotadíssimos. Mas ela jura que não precisa disso para ser SÉCSI:

— Já me sinto poderosa sem a roupa de oncinha. Não preciso de peça justa.

A "vovó periguete" ganhou até uma música, do grupo Cintura Fina,[4] inspirada na personagem de Susana Vieira na telenovela *Amor à vida*, que, no final, se casa com um homem muito mais jovem.

> Vovó piriguete
> Eu vi vovó no jardim
> Discutindo com o Félix
> Papi soberano disse que vovó é piriguete
> No primeiro casamento

---

[4] Disponível em: <https://www.letras.mus.br/cintura-fina/vovo-piriguete/>.

Já deu um golpe de mestre
Hoje com mais de oitenta
É viúva de mais de sete
Vovó é muito fogosa
E encontrou um peguete
A novela já mostrou
Hoje à noite ela promete
Que Lutero é pegador
E vovó é piriguete
Pi pi pi pi pi pi piriguete
Papi soberano disse que vovó é piriguete

Os blogs e a música destacam os mesmos elementos: Susana Vieira não se recolhe ao papel de avó, gosta de aparecer, é atrevida — ao contrário das mulheres da sua idade —, não perdeu o tesão pelos homens mais jovens, nem o interesse pela vida sexual. E, mais importante ainda, muitos homens jovens têm tesão nela. "Faz questão de ser gostosa e de mostrar — ser visível para os homens — sua gostosura." Ela é, "no melhor sentido", uma periguete, mesmo sendo uma coroa ou uma vovó. E ainda parece se orgulhar desse título.

Susana Vieira contesta, com seus comportamentos, escolhas e discursos, a postura de vitimização das mulheres que envelhecem. Não combinam com ela as ideias de perdas, de aposentadoria, de "falta de homem" e de invisibilidade, tão presentes nas mulheres que têm pânico de envelhecer.

O que mais se destaca nos discursos positivos sobre a atriz são as ideias de liberdade, coragem e ousadia. Susana Vieira reforça essa imagem, como na matéria cujo título é: "Nunca fiquei cuidando de neto, me mandava pro baile funk."[5]

Aos 73 anos, a atriz abusa de sua habitual sinceridade e diz não estar nem aí para a velhice. Quer mais é dançar, beijar, usar minissaia, enfim, aproveitar a deliciosa vida.

Tricô, descanso, netinhos, que nada... Susana Vieira não quer saber de ficar em casa fazendo o que, em geral, se espera de alguém nesta mesma fase da vida. A atriz conta que se sente desabrochando.

A estrela completou 73 anos no domingo, 23 de agosto de 2015, e está radiante. Quer mais é ser vista e, claro, apreciada. Na noite de seu aniversário, trocou beijos calientes com Guilherme Dornelas, 47 anos mais jovem, durante uma festa de casamento, no Rio. O assunto deu o que falar! Mas a musa, dona absoluta de si, diz não dever satisfação a ninguém.

Na ficção, ela também se envolverá com um gato, personagem do estreante Douglas Tavares, de 26 anos. "Ele disse que sou desejável. Acho que não está fazendo média, né? Se estiver, vai apanhar na cara", disse a diva, brincando.

O que mais tem curtido?

---

[5] Disponível em: <http://tititi.uol.com.br/noticias/perfil/susana-vieira-nunca-fiquei-cuidando-de-neto-me-mandava-pro-baile-funk.phtml#.VykLt4QrJD8>.

Adoro o cabelo todo crespo e as malhas justas da personagem. Na classe alta, só quem usa calça justa é gente esbelta. Na comunidade todo mundo usa. Pode ser alta, baixa, magra ou gorda como eu (gargalhadas).

É muito assediada na night?

Vou muito ao Baile da Favorita (que rola na comunidade da Rocinha, no Rio) e lá já chegaram em mim... e dali a gente saiu. Não pego ninguém em baile funk, as pessoas é que me pegam (risos).

Por se relacionar com homens mais novos, se tornou um espelho para as mulheres modernas?

O que significa isso de mais novo ou mais velho? Sou um espelho para as mulheres por causa da minha força, do trabalho, porque mostro que ser feliz depende só da gente. E, acima de tudo, mostro para essas mulheres que elas não precisam envelhecer sendo vovozinhas. Nunca fiquei cuidando de neto, me mandava para o baile funk!

E qual o segredo para ser tão desejada, inclusive hoje?

Quando você permite que a feminilidade fique, significa que continua viva, apostando no futuro e na esperança de amar. Pretendo continuar alegre, dançando funk, curtindo música eletrônica, que são as coisas de que mais gosto na vida.

Incomoda essa eventual curiosidade das pessoas por idade?

Não sei por que querem tanto saber... Só sei que dou um banho em muita gente por aí porque sou cheia de vida. Acho que as pessoas falam que eu tenho 73 anos só para encher o saco (risos). Não sei quantos anos tenho e nem faço questão de saber. Tenho vitalidade e muito amor para dar. Isso tudo é inveja de quem me vê ma-ra-vi-lho-sa!

E você está conhecendo melhor o rapaz com quem trocou beijos recentemente?

(Susana Vieira foi flagrada aos beijos com um rapaz quase 50 anos mais novo do que ela, o advogado Guilherme Dornelas, de 26 anos.)[6]

Prefiro não comentar sobre isso. Me sinto sufocada. Ha 20 anos, não tinha isso. Podia pegar quem queria. Era feliz e não sabia (gargalhadas)!

Esse seu jeito incomoda muita gente, não é?

Hoje em dia se dá muito valor à juventude e ao *sex appeal*. Ninguém valoriza a parte intelectual, as línguas que você fala... Então, vamos ficar ou continuar gostosas, falar de beijo na boca e colocar minissaia!

A matéria afirma que, aos 73 anos, Susana Vieira, "diva e musa", não está nem aí para a velhice. Quer dançar, beijar, usar minissaia, aproveitar a vida e não ficar fazendo tricô ou cuidando dos netinhos. A extrema visibilidade da atriz aparece sempre associada ao fato de ela ainda desejar e ser desejada por homens muito mais jovens.

Susana Vieira recusa o modelo da "vovozinha cuidando de neto": "Pretendo continuar alegre, dançando

---

[6] Disponível em: <http://br.blastingnews.com/tv-famosos/2015/08/susana-vieira-e-flagrada-beijando-homem-50-anos-mais-novo-00527545.html>.

funk, curtindo música eletrônica, que são as coisas de que mais gosto na vida." Mais ainda, ela se considera superior às mulheres mais jovens: "Só sei que dou um banho em muita gente por aí porque sou cheia de vida. Acho que as pessoas falam que eu tenho 73 anos só para encher o saco. Não sei quantos anos tenho e nem faço questão de saber."

Susana Vieira se recusa a se "encaixar" nos modelos existentes sobre "ser uma mulher velha", e não pode ser classificada dentro dos padrões socialmente legítimos de velhice. Ela é "inclassificável".

Na matéria com o título: "Susana Vieira diz: 'O maior xingamento pra mim é me chamar de velha'",[7] a atriz afirmou que não se "encaixa" no perfil da "melhor idade".

"Ninguém chega para mim e pergunta a minha idade. Não tem necessidade. O maior xingamento para mim é me chamar de velha. Eu aparentemente não tenho 72 anos", disse para a revista.

A atriz mostrou que é dona de uma grande autoestima: "Não faço parte dos velhinhos. Não tenho medo de envelhecer. Me desculpem se eu cheguei aos 72 anos sem estar caquética e estando maravilhosa, com tudo em cima."

---

[7] Disponível em: <http://natelinha.uol.com.br/celebridades/2015/03/18/susana-vieira-diz-o-maior-xingamento-pra-mim-e-me-chamar-de--velha-86943.php>.

É indiscutível que a atriz Susana Vieira é a famosa mais citada quando se pensa em "mulheres mais velhas que namoram e se casam com homens mais jovens".

A atração da atriz pelos "garotões" é percebida como uma não aceitação da própria idade, mas também como uma atitude corajosa de libertação dos limites sociais impostos às mulheres mais velhas. Por essa ambiguidade, ela tanto é acusada de ser uma "coroa periguete" quanto é elogiada por ser uma "vovó periguete" que não se aposentou da própria vida sexual e amorosa.

> Se a Susana Vieira está podendo, por que não? O pior é ficar sozinha, frustrada no amor e no sexo, reclamando da vida ou aturando um velho decrépito só para dar satisfação para os outros. Aposto que a maior parte das mulheres que xingam a Susana Vieira gostariam de ter a coragem de ser e viver exatamente como ela. (Roberta, 61; marido, 47)

> Sei que muita gente não gosta da Susana Vieira, mas eu amo de paixão. Ela pode ser briguenta e polêmica, mas é um exemplo de mulher que não se aprisionou aos padrões. Ela continua sendo a Susana Vieira, não mudou só porque está com mais de 70 anos. Ao contrário, quanto mais velha, mais Susana Vieira ela fica. Os incomodados ou as incomodadas que se retirem, pois ela não vai mudar uma vírgula só para agradar quem não gosta do jeito dela. Sinceramente, eu gostaria de ser como ela. (Maria, 71; marido, 59)

Susana Vieira é, ao mesmo tempo, um exemplo de envelhecimento positivo a ser imitado pelas mulheres e, também, um modelo de envelhecimento negativo condenado pelas mulheres. Acusada de "não aceitar a idade", "só namorar garotão" e "usar minissaia", ela também é vista como exemplo de "diva" e "musa libertária", por romper com os estereótipos, tabus e preconceitos associados ao envelhecimento feminino.

O perigo das coroas periguetes parece residir, exatamente, na sua ambiguidade. Se, de um lado, elas são acusadas e condenadas por serem consideradas vulgares, ridículas, exageradas, por outro, são invejadas e imitadas por serem poderosas, livres, atraentes, sedutoras, seguras, ousadas, corajosas. São mulheres que não se escondem, não são invisíveis, não têm vergonha do próprio corpo e sexualidade.

As mulheres acusadas de coroas periguetes não se tornam invisíveis, não se aposentam e não deixam de ser mulheres, não deixam de ser sexualmente atraentes. Elas investem muito na sexualidade, mesmo não tendo mais a juventude como seu principal capital. Mais ainda, elas provam que outros capitais femininos podem ser muito mais importantes no jogo da sedução.

Ao mesmo tempo que incomodam, por questionarem os comportamentos de gênero e de sexualidade mais amplamente aceitos, provocam inveja por não se submeterem ao que é socialmente esperado. Elas incomodam por lutarem, mesmo que inconscientemente, contra os preconceitos e tabus relacionados ao corpo e ao exercício da sexualidade feminina.

Desde 2007 venho estudando as mulheres brasileiras mais velhas — que já chamei apenas de coroas (sem adjetivos), depois de coroas poderosas e, agora, de coroas periguetes (pelo menos algumas delas).

Muitas mulheres mais velhas se aposentam do mercado sexual e do mercado matrimonial. Elas se sentem invisíveis, transparentes, ignoradas pelos homens. Dizem categoricamente: "Não é nem que me tornei uma velha, eu deixei de ser mulher."

No entanto, muitas pesquisadas afirmaram que foi exatamente com a chegada da velhice que começaram a se sentir mais livres, mais poderosas e mais felizes. Disseram que apenas nesta fase da vida aprenderam a "dizer não", a não se preocupar com a opinião dos outros e a ligar "o botão do foda-se". Escutei a seguinte frase de inúmeras mulheres de mais de 60 anos: "Hoje eu posso ser eu mesma pela primeira vez na minha vida. É a primeira vez que eu me sinto livre. É o melhor momento de toda a minha vida. Nunca fui tão feliz."

Simone de Beauvoir escreveu que, no caso das mulheres, "a última idade" pode representar uma liberação, uma vez que durante toda a vida elas foram submetidas ao marido e dedicadas aos filhos. Mais velhas, elas poderiam, finalmente, preocupar-se consigo mesmas.

Simone de Beauvoir também escreveu que a liberdade é assustadora, e que, por isso, muitas vezes a mulher prefere a prisão à sua possível libertação.

Será que é este o caso daquelas mulheres que acusam as outras mulheres — que são mais livres na sua forma de vestir e no seu comportamento afetivo e sexual — de serem coroas periguetes ou velhas ridículas?

Ser uma coroa periguete seria uma forma de ética e de estética, por meio da qual se incorporam determinados traços que contribuem para que as mulheres mais velhas se sintam mais livres e mais poderosas?

Inspirada na música de Rita Lee, intitulei minha tese de doutorado de "Toda mulher é meio Leila Diniz". Como afirmei na tese, acredito que muitas brasileiras gostariam de ser mais livres, mais poderosas e mais felizes, como Leila Diniz parecia ser.

Parafraseando Rita Lee, será, então, que poderíamos afirmar que toda mulher mais velha é, ou gostaria de ser, uma coroa periguete?

Da realidade à ficção

Em *A dominação masculina*, Pierre Bourdieu (2010) argumentou que há um modo de pensar pautado pelas dicotomias e oposições (masculino/feminino, alto/baixo, rico/pobre, claro/escuro, jovem/velho), em que o masculino é visto como hierarquicamente superior ao feminino.

A lógica da dominação masculina está impregnada em nossos modos de pensar, agir, sentir, falar, vestir, amar, refletindo-se consciente e inconscientemente nas nossas relações, e fazendo com que a reprodução da ordem social seja mantida e legitimada. Bourdieu afirmou que, por essa razão, a maioria das mulheres deseja um parceiro mais velho do que elas, e que elas se sentem diminuídas se o parceiro é mais jovem. Elas só podem desejar e amar um homem cuja dignidade esteja claramente atestada pelo fato de que "ele as supera" visivelmente.

A demógrafa Elza Berquó (1998) verificou que o fato de os homens casarem com mulheres mais jovens é uma constante praticamente universal e se deve à relação de poder entre os sexos. Embora em alguns contextos as relações de gênero venham se tornando menos assimétricas, não tiveram ainda impacto visível na diferença entre as idades de homens e mulheres ao se casarem.

A persistência da diferença de idade, no caso brasileiro, que, segundo Berquó, conta com um superávit de mulheres em todas as faixas etárias a partir dos 15 anos, tem consequências diretas no celibato feminino e no expressivo segmento de mulheres separadas ou viúvas com poucas chances de casamento.

A desvantagem das brasileiras no mercado matrimonial é evidente. A situação se torna cada vez mais assimétrica à medida que homens e mulheres avançam na idade. Com o envelhecimento, as chances de casamento diminuem para as mulheres e aumentam para os homens.

Berquó mostrou que a norma social segundo a qual o homem deve casar com uma mulher mais jovem contribui muito para a existência do que ela chamou de "pirâmide da solidão". Além disso, a tendência dos homens que se separam é a de recasarem com mulheres ainda mais jovens do que as ex-esposas.

Em uma sociedade em que impera a cultura do corpo e da juventude, como afirmou Berquó, é muito pouco provável que um número expressivo de mulheres se relacione com um homem muito mais jovem. Não só porque esses jovens não se interessariam por elas, mas, principalmente, porque as mulheres mais velhas se sentiriam inseguras e ameaçadas com as marcas do envelhecimento, ainda mais ao competirem com mulheres mais jovens pelos mesmos homens.

Em função dos preconceitos e das normas sociais existentes, as mulheres olhariam para as faixas etárias acima de sua idade ao procurar um parceiro amoroso. Já os homens olhariam para baixo, em busca de uma parceira mais jovem do que eles. Portanto, como disse Berquó, a existência de um tabu da idade limita as chances de uma mulher brasileira casar-se ou recasar-se quando está mais velha.

No entanto, a realidade do mercado matrimonial está mudando rapidamente, e cada vez mais mulheres estão olhando para faixas etárias mais baixas ao buscar um parceiro amoroso.

O IBGE mostrou que cresceram as uniões em que as mulheres têm idade superior à do homem. Segundo a Pesquisa Nacional por Amostra de Domicílios (Pnad), de 1996 a 2006, essas uniões passaram de 5,6 milhões para 7,6 milhões, o que representa um crescimento de 36%. E continuam crescendo.

Na maioria dos casos em que a mulher é mais velha do que o parceiro, a diferença de idade costuma ser pequena. De acordo com a Pnad, dos 7,6 milhões de casais nessa situação, 4,9 milhões (64,7%) são formados por cônjuges que têm de um a quatro anos de diferença; 1,75 milhão (23,2%) têm de cinco a nove anos; e 592 mil (7,7%) têm de dez a catorze anos de diferença. No período analisado, o número de famílias em que a mulher vive com alguém mais de dez anos mais jovem aumentou 59,5%: de 585 mil para 927 mil.

Ao analisar a escolaridade média dos casais, o estudo revelou que a mulher, nesses casos, tem geralmente 1,4 ano de estudo a mais do que seu parceiro.

A pesquisa mostrou ainda que famílias cuja mulher é mais velha e trabalha fora subvertem a regra de que é sempre o homem que ganha mais. A Pnad revelou que o diferencial de rendimento entre o casal aumenta conforme avança a diferença de idade. Homens casados com mulheres trinta anos mais velhas ganham em média 25% do que elas ganham. Isso provavelmente acontece porque uma mulher madura e com décadas de carreira pode já ter alcançado um nível de reconhecimento profissional que um jovem ainda não atingiu.

Apesar do crescimento e da maior visibilidade do casamento entre mulheres mais velhas e homens mais jovens, esse tipo de arranjo conjugal não é considerado um relacionamento "normal" ou legítimo pela sociedade. As mulheres pesquisadas sofreram preconceitos, proibições, reprovações e censuras por parte de familiares e amigas. Seus casamentos foram vistos como "interesseiros", "desequilibrados", "doentes", "desiguais", "ilegítimos", "patológicos", "estranhos", "anormais", "polêmicos", "perigosos", "nojentos", "inaceitáveis", "impuros". Elas afirmaram que existe um verdadeiro "tabu da idade".

Na vida real ou na ficção, esse arranjo conjugal, considerado proibido, desviante e inaceitável em nossa cultura, provoca o olhar de censura, o sentimento de repulsa e, talvez, o de inveja.

Por que esse tipo de relacionamento vem crescendo e está cada vez mais presente na mídia e, especialmente, nas telenovelas brasileiras? E qual o impacto que essa presença pode ter na vida conjugal dos brasileiros?

Para ajudar a pensar tais questões, é interessante registrar uma matéria do *Washington Post* (08/06/2009). O jornal publicou dois estudos do Banco Interamericano de Desenvolvimento que revelam que o Brasil é o segundo país onde as pessoas mais assistem a programas de televisão, perdendo apenas para a Grã-Bretanha.

Os pesquisadores analisaram 115 telenovelas da Rede Globo entre 1965 e 1999 e mostraram que 72% das protagonistas femininas não tinham filhos e 21% tinham apenas um filho. Segundo os estudos, o poder das telenovelas é tão grande que transformou, inclusive, as famílias brasileiras, com o crescimento das taxas de divórcio e a queda vertiginosa do número de filhos. A taxa de fertilidade no Brasil caiu nos últimos 50 anos de mais de seis filhos por família em 1960 para menos de dois no início do século XXI. Essa queda é comparável à da China, mas sem as mesmas medidas radicais de planejamento familiar. Os estudos concluíram que as telenovelas têm uma influência decisiva nas escolhas, nos comportamentos e nos estilos de vida das mulheres brasileiras.

As telenovelas podem ser vistas como um reflexo dos fatos existentes na sociedade, mas também como um espaço de fortalecimento de novos estilos de vida. Elas se tornaram um meio poderoso por meio do qual a família e os relacionamentos afetivos e sexuais foram sendo idealizados e transformados pelos brasileiros.

Cabe, então, perguntar: se é verdade que as telenovelas da Rede Globo têm um grande impacto na vida cotidiana dos brasileiros, quais são os corpos e comportamentos representados nelas que são mais imitados?

Como mostrou Marcel Mauss (1974), é por meio da "imitação prestigiosa" que os indivíduos de cada cultura constroem seus corpos e comportamentos. No Brasil, as mulheres mais imitadas, as mulheres de maior prestígio social, são as atrizes das telenovelas da Rede Globo, especialmente aquelas que são protagonistas das telenovelas exibidas em horário nobre. As modelos, cantoras e apresentadoras de televisão também são muito imitadas, especialmente aquelas que têm o "corpo-capital".

As telenovelas do horário nobre da Rede Globo costumam explorar situações polêmicas e provocar discussões em todas as regiões do país, misturando ficção e realidade. Roupas, acessórios, cortes de cabelo e cores de esmaltes são imitados por aquelas que assistem às telenovelas. Mais ainda, comportamentos e estilos de vida também podem se transformar quando veiculados pelas telenovelas e, posteriormente, imitados pelas brasileiras.

Os romances, namoros e casamentos de mulheres mais velhas com homens mais jovens têm sido muito exibidos nas telenovelas da Rede Globo.

Um caso interessante, porque mistura ficção e realidade, é o da atriz Vera Fischer. Ela foi muito citada pelos meus pesquisados como um exemplo de mau envelhecimento, logo após a atriz Susana Vieira e a cantora Elza Soares. Susana Vieira e Elza Soares apareceram em primeiro lugar como exemplos de mau envelhecimento por, de acordo com os pesquisados, "não aceitarem o envelhecimento" e "se comportarem de forma inadequada para a idade". Nos dois casos, o fato de terem relacionamentos com homens bem mais jovens foi muito criticado. Elza Soares também foi criticada em função do excesso de cirurgias plásticas, que, segundo os pesquisados, "a deixou deformada, um monstro".

Vera Fischer apareceu como um exemplo negativo porque: "namora com homens mais jovens", "não aceita a idade", "abusa do botox e das cirurgias plásticas", "é viciada em drogas e álcool", "é barraqueira", "está sempre metida em brigas e confusões". Seu comportamento foi considerado totalmente inapropriado para uma mulher de mais de 60 anos (ela nasceu em 1951).

Em 1987, quando protagonizou a telenovela *Mandala* da Rede Globo, Vera Fischer se apaixonou pelo ator Felipe Camargo, quase dez anos mais jovem do que ela.

Em *Mandala*, Vera Fischer era Jocasta e Felipe Camargo era Édipo, seu filho. A novela trouxe para o

Rio de Janeiro dos anos 1960 o mito da tragédia *Édipo Rei*, de Sófocles. A trama, de Dias Gomes e Marcílio Moraes, abordava temas polêmicos e tabus, como o incesto e o uso de drogas.

Na trama, Jocasta, uma estudante de sociologia, teve um romance com Laio, um rapaz rico e ambicioso. Jocasta ficou grávida e Laio consultou um guru que disse que seu destino era ser morto pelo próprio filho, Édipo. Disse também que Édipo se casaria com a própria mãe, Jocasta. Laio planejou o sequestro do filho, mas Édipo foi salvo e criado por um casal. Muitos anos depois, sem saberem que eram mãe e filho, Jocasta e Édipo se apaixonaram.

A trama do incesto provocou tanta polêmica que acabou se limitando a um único beijo entre Jocasta e Édipo na telenovela.

Vera Fischer e Felipe Camargo, na vida real, viveram juntos durante oito anos e tiveram um filho. Foi um relacionamento muito presente na mídia, com notícias sobre violências e brigas públicas do casal.

Uma briga famosa terminou com Felipe Camargo tendo o abdômen perfurado por uma facada desferida por Vera Fischer. Ela foi internada em uma clínica para dependentes químicos para se livrar do vício do álcool e da cocaína.

A separação dos dois, em 1995, foi cercada por muitas brigas e uma longa batalha judicial pela guarda do filho. Em 1997, Vera Fischer perdeu a guarda do filho.

Depois de um período de vida muito conturbado, Vera Fischer voltou ao estrelato com quase 50 anos, em 2000, na telenovela *Laços de Família*, de Manoel Carlos. Ela era Helena, a protagonista, que viveu um romance com o personagem de Reynaldo Gianecchini, então com 27 anos. Na época, o ator namorava a apresentadora Marília Gabriela, 25 anos mais velha do que ele (ela nasceu em 1948).

As notícias na mídia exploraram a coincidência da vida real com a telenovela: ambas loiras e muito mais velhas disputando o amor de um galã iniciante, o que garantiu, por várias semanas, uma boa divulgação para *Laços de Família*. Manoel Carlos disse para a *Folha de S.Paulo* (11/03/2001) que escreveu o papel de Helena especialmente para Vera Fischer.

> Eu fiz a Helena para a Vera Fischer. Precisava de uma mulher que aparentasse uns 45 anos (na vida real ela estava com 50 anos) e que tanto possa apaixonar um rapaz de 20 anos como um de 50, 60. Por isso, eu disse para a Marluce (diretora-geral da Globo): "Se a Vera Fischer não puder fazer a novela, eu não faço essa novela. Porque essa história eu só faço com ela."

Polêmica na telenovela: mãe e filha podem amar o mesmo homem?

Camila, a filha de Helena, personagem da jovem atriz Carolina Dieckmann, também se apaixona pelo personagem interpretado por Reinaldo Gianecchini. O galã, por sua idade, tanto poderia ser filho de Helena quanto irmão de Camila. Aqui, a questão do tabu da idade é evidente. Como uma mulher pode amar um homem amado por sua filha? Como uma mulher mais velha pode amar um homem que poderia ser seu filho?

A recorrência de polêmicas sobre casamentos de uma mulher mais velha com um homem que poderia ser seu filho, não só nas telenovelas, nas revistas de fofocas e nos jornais, mas também na minha pesquisa, sugere que existe um verdadeiro tabu da idade.

No entanto, alguns casos de mulheres famosas casadas com homens mais jovens aparecem pouco na mídia e não provocam polêmica.

Um desses casos discretos foi o da atriz Marília Pêra, que morreu, em 2015, aos 72 anos. Ela foi casada, desde 1998, com o economista e produtor Bruno Faria, de 50 anos.

Em matéria com o título "O amor não tem idade",[8] Marília afirmou que nunca foi criticada ou alvo de comentários maldosos por estar ao lado de um homem mais novo.

> Comigo, nunca houve preconceito. A minha mãe adora ele, meus filhos também, e sou amicíssima da mãe dele. As pessoas que me importariam a opinião se manifestaram sempre de forma favorável.

---

[8] Disponível em: <http://mariliapera.no.comunidades.net/index.php?pagina=1230984734>.

É curioso observar que a atriz ressaltou que a mãe dela e a mãe dele aprovavam a relação, priorizando a relação entre mãe–filho/mãe–filha. Para ela, são essas pessoas que importam, não outras que poderiam ser contrárias ao fato de ela ser 22 anos mais velha do que o marido.

Ela parece estar se defendendo de uma possível acusação de desvio quando afirma que algum tipo de interesse sempre existe em qualquer relação de amor.

> Pode haver jogo de interesse numa relação de duas pessoas muito jovens, não tem a ver com a idade. Mas qualquer relação, seja ela de amor ou de paixão, é uma relação de interesse. O amor de uma mãe por um filho é muitas vezes interesseiro. A necessidade de se estar junto tem, no mínimo, o interesse porque o outro traz o benefício de se sentir bem.

Mais uma vez, a atriz destaca a relação mãe–filho para defender que em outras relações também pode existir algum tipo de interesse.

Marília Pêra disse ainda que os 22 anos a mais entre ela e o marido não faziam a menor diferença.

> Olho para ele e o vejo com a minha idade. Não sei se vejo ele velho ou se me vejo jovem. Além disso, ele parece mais velho, é muito educado, não é um garotão, é um senhor, conservador, formal.

A ideia de *ageless* — "sem idade" ou "inclassificáveis" —, que apresentei no livro *A bela velhice*, é interessante para pensar o discurso de Marília Pêra: "Eu o vejo com a minha idade: não sei se ele é velho ou se eu sou jovem." Ou, ainda, se ele é, na verdade, muito mais velho do que ela (apesar da diferença de idade).

Esse mesmo tipo de discurso foi muito recorrente na pesquisa com as mulheres mais velhas casadas com homens jovens: "ele parece mais velho do que eu", "velho de verdade é ele, não eu", "ele é velho de espírito" ou, como diria Simone de Beauvoir, "velho é sempre o outro".

Outro caso interessante é o da atriz norte-americana Susan Sarandon. Quando circularam os rumores do fim do casamento dela com o ator e diretor Tim Robbins, muitos pensaram que ele, doze anos mais jovem do que ela, teria encontrado um novo amor.

Surpreendentemente, pouco tempo depois, a atriz, que estava com 68 anos na época, apareceu sorridente em inúmeras fotos com um jovem alto e bonito: o roteirista Jonathan Bricklin, de 37 anos.

A atriz afirmou que a diferença de idade não significa nada para ela.

É a alma de uma pessoa que me interessa. Quando você está amando, questões como idade, sexo ou cor não têm qualquer importância.

Ela disse que seu relacionamento com Jonathan Bricklin não era nada convencional, mostrando que seu desejo de ser feliz superava todos os tabus e preconceitos que limitam as escolhas femininas.

Por serem poderosas, ricas e bem-sucedidas, estas famosas parecem ter coragem para subverter a lógica da dominação masculina que estabelece que o homem deve ser superior à mulher.

Muitas mulheres, mesmo não sendo celebridades, também conseguem subverter a mesma lógica simplesmente por se casarem com homens mais jovens, como mostram os depoimentos das pesquisadas.

É muito comum mulheres famosas gostarem de homens mais jovens. Tem o caso da Madonna, que namorou o modelo brasileiro Jesus Luz. Na época ela tinha 51 anos e ele 22. A Jennifer Lopez tem 47 e namora um dançarino que é 18 anos mais jovem. Não sou famosa, rica e poderosa como elas, mas também tenho o direito de ser feliz, mesmo que muita gente ainda não aceite. (Monica, 58; marido, 38)

A Ivete Sangalo tem 44 anos e o marido tem 30. A Maria Paula do Casseta tem 44 e o marido, 24. A Deborah Secco tem 36 e o marido, 24. A Luana Piovani tem 39 e o marido, 28. A Preta Gil tem 41 e o marido, 26. A Marisa Orth tem 52 e o marido, 39. A Regina Casé tem 62 e o marido, 48. A Maitê Proença tem 58 e o namorado, 44. A Cissa Guimarães tem 59 e o namorado, 28. E ainda há os casos da Susana Vieira, Marília Gabriela, Elza

Soares. Elas não precisam de um homem para provar o próprio valor. Elas têm valor por serem elas mesmas. Eu também. (Leona, 40; marido, 30)

Ao refletir sobre o casamento entre mulheres mais velhas e homens mais jovens, não posso deixar de mencionar duas mulheres pioneiras que romperam alguns tabus no Brasil.

Em primeiro lugar, quero lembrar o famoso caso de Chiquinha Gonzaga, compositora, pianista e primeira mulher a reger uma orquestra no Brasil.

Chiquinha Gonzaga nasceu em 1847 e teve quatro filhos. Aos 52 anos, conheceu João Batista, de 16 anos, um aprendiz de música. Apaixonaram-se e viveram juntos até o dia em que ela morreu, em 1935, aos 87 anos. Chiquinha fingiu que João Batista era seu filho adotivo. Muitos só descobriram o romance depois de sua morte. Coincidentemente, ele, então, tinha 52 anos, a mesma idade de Chiquinha quando se conheceram.

Muitas décadas depois, no início dos anos 1970, a atriz Leila Diniz foi à praia de biquíni quando estava grávida, o que resultou em uma verdadeira revolução simbólica. Mas ela provocou também outras revoluções comportamentais.

Durante a sua breve vida, Leila Diniz teve inúmeros namorados e parceiros sexuais, homens muito mais velhos do que ela, mas outros mais jovens. A idade nunca foi um fator determinante para as suas escolhas, e sim a busca de prazer e de felicidade.

Nascida em 25 de março de 1945, ela estaria com mais de 70 anos hoje. Sempre me perguntam: Será que Leila Diniz estaria se incomodando com a idade e restringindo suas escolhas afetivas e sexuais pelo fato de ser uma mulher mais velha? Será que ela ainda estaria gostando de sexo, como gostava? Será que ela namoraria homens mais jovens? Será que ela teria aposentado o biquíni para ir à praia?

Uma resposta a essa questão me ocorreu recentemente.

Em 2013, uma das melhores amigas de Leila Diniz, a atriz Betty Faria, aos 72 anos (ela nasceu em 1941), foi fotografada de biquíni na praia do Leblon. As fotografias circularam pela internet e a atriz foi violentamente atacada, especialmente por mulheres: "velha ridícula", "velha baranga", "velha sem noção" foram algumas das reações femininas às fotografias.

Ela, que sempre foi à praia de biquíni, reagiu indignada:

> Então querem que eu vá à praia de burca, que eu me esconda, que me envergonhe de ter envelhecido? E minha liberdade? Depois de tantas restrições alimentares, remédios para tomar, exercícios a fazer, vícios a evitar, todos próprios da idade, ainda preciso andar de burca?

A atriz falou sobre o namoro que teve com um rapaz trinta anos mais jovem e sobre a reação negativa dos amigos.[9]

Vivi intensamente uma relação com um homem 30 anos mais novo do que eu. Paixão alucinante, alguns amigos preocupados achando que ele ia se aproveitar de mim, enchendo minha cabeça até que fui de volta para a analista perguntando: E meus encantos, será que não tenho encantos?

Será que as mulheres não percebem que, com suas censuras, acusações e preconceitos, estão reproduzindo a lógica da dominação masculina e restringindo as escolhas femininas? E que, mais ainda, estão alimentando essa triste e preconceituosa realidade?

---

[9] Disponível em: <http://ego.globo.com/Gente/Noticias/0,,MUL955978-9798,00-EM+BLOG+BETTY+FARIA+REVELA+QUE+JA+CONTRATOU+DETETIVE+PARA+SEGUIR+NAMORADO.html>.

O tabu da idade

Simone de Beauvoir escreveu uma das reflexões mais cruéis — e talvez uma das mais verdadeiras — sobre o envelhecimento feminino.

A filósofa existencialista afirmou que, já que o destino da mulher é ser, aos olhos do homem, um objeto erótico, ao tornar-se velha e feia ela perde o lugar que lhe é destinado na sociedade: torna-se um monstro que suscita repulsa e até mesmo medo.

Vale a pena lembrar que, de 1952 a 1959, Simone de Beauvoir viveu uma relação amorosa com Claude Lanzmann. Em entrevista à *Folha de S.Paulo* (24/02/2011), com o título "Beauvoir me ensinou a ver o mundo", Lanzmann falou sobre a importância da filósofa em sua vida.

> Folha — *No livro, o senhor faz perfis de Sartre e de Simone de Beauvoir, de quem o senhor fala com grande admiração. Qual a importância que ela teve em sua vida?*
>
> Claude Lanzmann — Ela teve uma enorme importância. Havia entre nós uma diferença de idade não tão grande, ela tinha 44 anos e eu 27.

Fui o único homem com quem ela teve uma vida conjugal, marital, durante quase oito anos. Quando a conheci ela não tinha mais relações sexuais com Sartre. Muitas pessoas dizem que fazíamos sexo coletivo. Não é verdade.

Ela foi a mulher de sua vida ou uma mulher importante em sua vida?

Não sei como dizer. Tive diversas mulheres na minha vida. Ela foi muito importante, havia uma grande confiança entre nós. Ela me ensinou o mundo, ela me mostrou tudo o que ela conhecia e eu obriguei-a a pensar porque não sou um sujeito muito simples.

Qual a qualidade mais importante de Simone de Beauvoir?

Primeiramente a alegria, ela era alegre, engraçada, não mentia a ela mesma, a honestidade intelectual e a sede de conhecimento, de ver. Quando fazia uma viagem, ela queria ver tudo, as menores estradas, os menores monumentos. Ela me amava muito, mesmo depois da ruptura, que foi iniciativa minha. Ela ficou infeliz, mas nós continuamos amigos.

É curioso que Claude Lanzmann, logo no início de sua resposta, tenha destacado: "Havia entre nós uma diferença de idade não tão grande, ela tinha 44 anos e eu 27."

Se dezessete anos "não é uma diferença de idade tão grande", por que ele iniciou a entrevista falando exatamente dessa diferença?

Qual seria, então, a diferença de idade mais aceitável entre um homem e uma mulher?

Percebi, nos discursos dos meus pesquisados, uma hierarquia de legitimidade com relação à diferença de idade ideal entre homens e mulheres. Há consenso sobre o que é mais aceitável socialmente: o homem deve ser mais velho do que a mulher. Assim, o casamento considerado ideal é aquele em que o marido é mais velho do que a esposa. Em seguida, o mais aceitável é que os dois tenham a mesma idade.

Os pesquisados disseram que o casamento menos legítimo socialmente é aquele em que a esposa é mais velha do que o marido. Se a diferença é de até cinco anos, ela é considerada pequena, "quase da mesma idade". Se a diferença é de seis a dez anos, passa a incomodar, mas é tolerável. Se a diferença é de onze a quinze anos, é considerada bastante significativa.

A diferença de idade se torna um problema muito maior quando é superior a quinze anos. Nesses casos, o marido pode ter a mesma idade dos filhos da esposa, ou, ainda, ela pode ter a idade da mãe dele. Em alguns casos estudados, os filhos dela têm a mesma idade ou são até mesmo mais velhos do que o marido.

Acho que o maior problema é que eu tenho filhos da idade dele. Se a diferença fosse menor, se meus filhos fossem mais novos ou se eu não tivesse filhos, acho que não teria tanta vergonha. Não foi nada fácil casar com um homem que poderia ser meu filho. A mãe dele é mais nova do que eu. Foi bem difícil enfrentar o olhar de censura dela, da minha mãe e das outras mulheres. (Xênia, 78; marido, 57)

Algumas pesquisadas fizeram uma associação direta entre a diferença de idade e o tabu do incesto.

No comecinho eu brincava e dizia: "Você tem a idade dos meus filhos, você poderia ser meu filho. É como se estivéssemos praticando incesto." Ele reagia na hora: "Não quero que você seja minha mãe, quero que você seja a minha mulher. Não me importo com a sua idade, não faz diferença para mim. Você quer que eu seja seu homem, seu marido, seu amante ou seu filho?" (Xênia, 78; marido, 57)

Uma amiga me disse que nunca conseguiria transar com um homem tão jovem, que acharia nojento, que parece incesto porque tenho idade para ser mãe dele. Ela me olhou como se eu fosse uma criminosa, como se fosse um verdadeiro atentado à moral e aos bons costumes amar um homem mais novo. (Monica, 58; marido, 38)

Alguns dos homens pesquisados disseram que são chamados de filhos pelas esposas.

A minha esposa é tão atenciosa que, se eu ligar para ela vir me buscar, ela vem me buscar. Se eu pedir para ela me trazer uma comidinha especial no meu trabalho, ela traz na hora. Ela me chama de filho. Eu não gosto disso, insisto para ela parar, mas ela continua me chamando de filho. (Ernesto, 40; esposa, 56)

Minha mulher tem um filho da minha idade. No começo eu ficava puto quando ela me chamava de filho. Eu dizia: "Você quer que eu te chame de mãe? Se você me chamar de filho, vou te chamar de mãe." Aí ela parou. Mas algumas vezes ainda escapa. (Lucas, 40; esposa, 59)

Eles buscaram enfatizar que não é uma relação maternal, mas de homem e mulher, e que reagem quando os outros acham que são filhos de suas esposas.

Uma vez uma garota falou para a amiga: "Aquela senhora está escolhendo um tênis para o filho dela." Eu dei um beijo na boca dela, bem demorado, de língua, para elas saberem que eu sou o marido. (Ernesto, 40; esposa, 56)

Hoje o pessoal acostumou, mas antigamente perguntavam: "Seu filho?" Ela ficava constrangida, envergonhada. Eu não esquentava, dizia: "Eu sou o filho mais velho dela", brincando, aí dava um beijo na boca. (Bruno, 34; esposa, 56)

A associação entre a figura materna e o cuidado, carinho, atenção, compreensão e disponibilidade das esposas, o fato de elas serem mães de filhos da mesma idade dos maridos e de algumas já terem netos, o fato de eles não terem filhos e serem chamados de filhos por elas são elementos importantes para compreender os preconceitos e acusações que esse tipo de arranjo conjugal sofre.

Como afirmou Lévi-Strauss (1982), não existe nenhuma razão para proibir aquilo que, sem proibição, não correria o risco de ser executado. Se existisse uma rejeição "natural", "biológica", "instintiva" ao relacionamento entre mulheres mais velhas e homens mais jovens, por que seria necessário proibi-lo? Além disso, as constantes violações da proibição podem ser uma prova de que não há nenhum horror instintivo a esse tipo de relação.

Escutei de muitas pesquisadas: "ele tem idade para ser meu filho"; "ele poderia ser meu filho"; "ele tem a idade do meu filho"; "ele é mais novo do que meu filho". Ou ainda: "sou mais velha do que a mãe dele"; "tenho a mesma idade da mãe dele"; "tenho idade para ser mãe dele"; "eu poderia ser a mãe dele".

Não escutei dos homens pesquisados: "ela tem idade para ser minha mãe"; "ela poderia ser minha mãe"; "ela tem a idade da minha mãe"; "ela é mais velha do que a minha mãe". Ou ainda: "tenho idade para ser filho dela"; "eu poderia ser filho dela"; "eu tenho a idade do filho dela"; "eu sou mais novo do que o filho dela".

No entanto, alguns dos pesquisados fizeram comparações entre suas esposas e suas mães.

Minha mulher me ajudou a superar muitos problemas que eu tenho com a minha mãe. Minha mãe é uma velha cruel, uma velha amarga. Minha mulher é o oposto dela:

sempre alegre, sempre positiva. Antes eu ficava arrasado cada vez que eu encontrava a minha mãe. Explodia, brigava, chorava. Minha mulher me ensinou a ser mais tolerante, não reagir, não me afetar tanto. Hoje, minha mãe continua falando muita merda, mas finjo que não é comigo. (Lucas, 40; esposa, 59)

Sempre digo para minha mulher: "Você nunca vai ser igual a minha mãe, graças a Deus." Minha mãe reclama da vida o tempo todo, está sempre se queixando. É uma pessoa desagradável, ressentida, acha que todo mundo tem alguma dívida com ela. Minha mulher é a pessoa mais carinhosa e generosa que eu conheço, amiga, companheira, sempre disponível para ajudar todo mundo. Ela é a única pessoa que tem paciência para aguentar a minha mãe, uma egoísta que só sabe reclamar dos filhos. (Claudio, 52; esposa, 62)

A lógica da dominação masculina postula que o homem deve ser sempre superior à mulher: mais velho, mais alto, mais forte, mais educado, mais rico, mais bem-sucedido, mais poderoso. Ao inverter essa equação, em qualquer um dos seus elementos, a mulher provoca um questionamento das regras sociais que são internalizadas, tanto pelos homens quanto pelas próprias mulheres. Assim, provoca reações e acusações daqueles e, principalmente, daquelas que, consciente ou inconscientemente, lutam por manter as regras sociais vigentes. Nos casos estudados, uma das acusações mais graves, inclusive internalizada pelas próprias pesquisadas, é a de que ela tem idade para ser mãe do marido. É o tabu da idade.

O tabu da idade provoca insegurança até mesmo em mulheres que parecem mais jovens do que os maridos.

Não consigo entender por que me sinto tão insegura, pois todo mundo diz que sou bonita, magra e que pareço muito mais jovem do que ele. Mas, mesmo parecendo mais jovem, sinto o peso da idade. É o número 47 que me faz ser uma velha. Se o número fosse 33, como todo mundo diz que eu pareço ter, eu não me sentiria uma velha. (Olga, 47; marido, 36)

É como se existisse uma "mão invisível do mercado", algo que não é concreto, que não está na aparência, mas na etiqueta da idade, no número que tem o poder de torná-las velhas, inferiores e sem nenhum valor.

Se um homem mais velho me dá uma cantada, eu acho absolutamente normal. Mas desconfio quando um homem mais jovem diz que sou linda. Só acredito nos elogios dos homens mais velhos. Só fico preocupada com a minha idade quando um homem mais jovem se interessa por mim. É quando eu me sinto realmente uma velha. (Laura, 50; marido, 37)

Sei que o meu marido sempre foi fiel, sei que ele é apaixonado por mim, sei que ele me admira. Mas, se uma noite ele chega mais tarde, ou se uma periguete fica se exibindo para ele, quero morrer. Preciso tomar um calmante para não explodir e estragar tudo por causa da minha insegurança. Se eu tivesse 30 anos, não teria a menor preocupação. (Bruna, 57; marido, 36)

Algumas pesquisadas procuraram dar explicações biológicas e sociais para o fato de se sentirem inseguras com a diferença de idade, e até mesmo motivos psicanalíticos. No entanto, muitas não conseguiram apontar motivos concretos para os seus medos.

No princípio, fiquei assustada. "Meu Deus, e agora? Como vai ser? E se eu me machucar? E se eu sofrer muito?" Quando senti que estava muito envolvida, veio o pânico e eu disse que não queria compromisso, foi um teste. Ele falou: "Eu pedi muito a Deus que me mandasse uma pessoa como eu sonhava e agora encontrei." Isso tinha dois meses, bem no início, mas eu já estava muito envolvida. Eu pensei: "Que sorte a minha, mas será que ele está falando a verdade?" (Yasmin, 56; marido, 36)

Pode-se perceber, a partir dos depoimentos, que, muito mais do que as razões práticas, são as razões simbólicas que provocam o medo e o sofrimento relacionados à diferença de idade.

Já fiz muitos anos de análise para tentar compreender por que me sinto tão insegura. Será que é porque não posso mais ter filhos com o meu marido? Será que é porque tenho idade para ser mãe dele? Será que é porque acho que ele pode se apaixonar por uma moça da idade da minha filha? Apesar de pensar em milhares de motivos, até hoje não consegui entender a verdadeira razão da minha insegurança. (Monica, 58; marido, 38)

Mesmo quando reconhecem que possuem inúmeras outras qualidades, elas demonstram que há uma hipervalorização do quesito juventude feminina nas relações amorosas. Muitas falaram do medo de serem chamadas de "velhas ridículas".

É uma etiqueta cruel que colam nas mulheres: "Você tem 60 anos, agora você é oficialmente uma velha." Posso estar bonita, magra, cheia de saúde e de energia, produzindo, amando, aprendendo, ensinando. Mas no momento em que me colaram esta etiqueta passei a ser uma velha. E, se não me comportar como tal, serei considerada uma velha ridícula. (Sara, 63; marido, 52)

A preocupação com a idade fica evidente quando aparece uma pergunta frequente: "Quantos anos você tem?" Elas costumam responder com: "Quantos anos você acha que eu tenho?" ou "Quantos anos eu pareço ter?".

Elas reconheceram que esse tipo de resposta constrange a pessoa que pergunta e faz com que ela se sinta na obrigação de dizer um número muito inferior ao verdadeiro.

Adoro quando dizem que pareço ser muito mais jovem do que realmente sou. Quanto mais mentem, mais feliz eu fico. Se disserem vinte anos a menos, fico ainda mais feliz. O pior é que gosto tanto da mentira que algumas vezes até acredito nela. (Bruna, 57; marido, 36)

Aqui em casa é um tabu falar de idade. Sou casada há mais de dez anos e nunca falei a minha idade para o meu marido. Lógico que ele sabe quantos anos eu tenho, mas não diz nada porque sabe que fico incomodada com o fato de ser mais velha. Todo mundo diz que parece que temos a mesma idade. Já disseram até que ele parece mais velho do que eu. Me engana que eu gosto. (Olga, 47; marido, 36)

Elas afirmaram que os homens podem se casar com mulheres mais jovens, pois, para eles, outros atributos são mais importantes: poder, sucesso, fama, prestígio, dinheiro, maturidade, elegância, charme, segurança. Para elas, mesmo quando existem os mesmos atributos positivos, o valor principal é a juventude. Parece que, no caso masculino, os atributos positivos apagam a idade. No feminino, o mesmo não ocorre. Todas as demais características positivas de uma mulher não conseguem apagar ou minimizar o peso da idade.

Um homem mais velho é considerado charmoso, sedutor, interessante. A mulher mais velha pode ser tudo isso e muito mais, mas ela é, em primeiro lugar, uma velha. Sempre acham esquisito se ela namora um homem mais novo. Ela será sempre acusada de estar transgredindo um tabu. Já o homem pode exibir com orgulho o seu troféu: quanto mais jovem é a mulher, mais poderoso ele prova que é. (Estela, 57; marido, 45)

Em vez de se sentirem mais poderosas por terem desafiado a lógica da dominação masculina, elas revelaram se sentir ainda mais inseguras.

> Às vezes bate muita insegurança, eu olho no espelho e penso: "Você está engordando, está ficando uma velha flácida." E a mídia massificando os modelos de mulher jovem, magra, toda durinha. É óbvio que a autoestima fica abalada porque você está com um cara mais novo. Aí olho o peito caindo, penso em suspender, botar silicone, fazer lipo. Ele fala que gosta de mim exatamente como eu sou: "Você é muito gostosa cheia de carninha." (Kátia, 46; marido, 35)

No entanto, muitas afirmaram que aprenderam, com o passar do tempo, a lidar melhor com a diferença de idade.

> Nos primeiros meses de namoro, eu tinha pavor que ele descobrisse a minha idade. Tinha pânico de ele fugir se soubesse que eu era muito mais velha, de ficar com nojo de mim. Não era uma insegurança com meu corpo, porque sei que o meu corpo está muito melhor do que o de muita garotinha. Era a diferença de idade mesmo. Quando ele me pediu em casamento, decidi me libertar deste medo. Se ele quisesse casar com uma garotinha ele casaria, não vou ficar neurótica por causa da minha idade, não vou ter vergonha de ser mais velha. Adotei o seguinte mantra: "Foda-se! Foda-se! Foda-se!" (Estela, 57; marido, 45)

Outra pesquisada também disse que adotou o "foda-se" para o que os outros pensam.

Não me interessa se ele é mais jovem, ganha menos, não terminou a faculdade. O que me interessa é que ele é carinhoso, atencioso, apaixonado e fiel. Foda-se o que os outros pensam. Eu só quero ser feliz. E fazer o meu amor feliz. (Cora, 58; marido, 45)

Percebi uma grande oscilação entre alguns momentos de segurança e outros de extrema insegurança. Elas disseram que se acham corajosas e revolucionárias por romperem com tabus e preconceitos, mas que se sentem inseguras por terem se casado com um homem mais jovem.

Alguns dias eu acordo poderosa, agradeço por ter uma vida maravilhosa, acho que meu marido nunca vai deixar de me amar. Em outros eu me sinto uma velha horrorosa, decrépita, ridícula, acho que ele vai me largar por uma mulher mais nova. (Sara, 63; marido, 52)

Sou uma metamorfose ambulante, como dizia Raul Seixas. Uma hora estou muito feliz, muito satisfeita com a minha vida e, em seguida, me sinto uma merda, uma velha ridícula. Tem horas que digo: "Nossa, como sou corajosa, sou uma revolucionária." Em outras morro de inveja das mulheres mais jovens. (Júlia, 59; marido, 43)

As mulheres pesquisadas mostraram que não existem razões práticas, concretas, objetivas para se sentirem ameaçadas apenas pelo fato de serem mais velhas do que seus maridos. No entanto, as razões simbólicas, que são invisíveis e, portanto, muito mais difíceis de detectar e de compreender, fazem com que elas se sintam inseguras por quebrarem uma regra fortemente estabelecida em nossa cultura: a de que o homem deve ser sempre superior à mulher.

Por terem quebrado a lógica da dominação masculina, elas poderiam se sentir mais poderosas do que as demais mulheres que se submetem a essa mesma lógica. No entanto, sentem-se muito mais inseguras do que se tivessem se casado com um homem mais velho.

Portanto, elas contestam a lógica da dominação masculina (com seus comportamentos e escolhas), e, ao mesmo tempo, reforçam (com seus medos e inseguranças) a regra social que postula que o homem deve ser sempre superior à mulher. Não é um verdadeiro paradoxo?

É possível perceber que a diferença de idade é um sofrimento muito grande para as mulheres, e não parece ser um problema para os homens. Ao contrário, os pesquisados valorizam inúmeras qualidades de suas esposas, que, para eles, só podem existir em mulheres mais experientes e maduras.

Se existe um tabu da idade, por que, então, determinados homens se casam com mulheres mais velhas? Por que cada vez mais mulheres preferem os homens mais jovens? Por que as mulheres que desafiam a lógica da dominação masculina são consideradas "superiores" às mulheres mais jovens?

Por que os homens preferem as mulheres mais velhas?

A diferença de idade pode simbolizar uma relação de poder. Quando a mulher é mais velha do que o homem, ocorre uma subversão da lógica da dominação masculina, já que o homem deveria ser "naturalmente superior" à mulher.

Os pesquisados reconheceram que os casamentos entre mulheres mais velhas e homens mais jovens sofrem preconceitos porque fogem do modelo tradicional, do padrão de "normalidade", em que a esposa mais jovem é um valor, um símbolo de *status* e prestígio, um troféu a ser exibido.

Eles afirmaram que é considerado "natural" que o homem seja o provedor, aquele que dá segurança à mulher, já que ela é vista como mais frágil e dependente, devendo, portanto, ser protegida e cuidada. Quando há uma inversão desse modelo, a mulher pode ser acusada de ser uma "coroa periguete" ou uma "velha ridícula". O homem também pode ser rotulado como interesseiro, aproveitador, malandro, "mulherzinha da relação".

A nossa cultura se caracteriza por ter uma **ideologia** patriarcal, machista, na qual o homem deve **ser res-** ponsável pela proteção da família, enquanto a **mulher** deve ser protegida. Se a mulher é mais velha indica um aspecto masculino desta mulher e a sociedade acha que tira a masculinidade do homem. Quanto mais jovem **é** a mulher, maior é o *status* de garanhão do marido. **No** caso da mulher ser mais velha, ela é vista como uma velha foguenta, safada, sem-vergonha. Acho que o pior é que passa a impressão de ser uma relação **entre mãe** e filho. Sobre o homem, pensam que é interesse **por ela** ser rica ou famosa, que é um aproveitador ou então **que** é um pau-mandado, um veado ou a mulherzinha **da** relação, que ela é quem usa as calças em casa. (Tiago, 33; esposa, 59)

Os pesquisados, como a maior parte dos **homens** brasileiros, sempre se relacionaram com mulheres mais jovens. O encontro com a esposa, uma mulher mais velha do que eles, foi um "acidente de percurso" **e não era** para durar mais do que "algumas transas gostosas".

Eu tinha uma namorada bem jovem quando **conheci** minha mulher. Foi um acidente de percurso. **Transei** com ela e desapareci por meses. Só que não consegui parar de pensar nela. Morri de saudade, mesmo tendo sido só uma transa. Aí liguei para ela e ela não **quis me** ver. Insisti muito e ela acabou cedendo. Nunca **mais nos** separamos. Já estamos doze anos juntos, **com muito** amor e tesão. (Antonio, 45; esposa, 57)

> Encontrei minha mulher em uma festa, demos uns beijos gostosos, bebemos e fomos para a casa dela. Tudo para ser só sexo casual. Só que passamos 24 horas juntos, transando, conversando, rindo. Nunca mais saí da casa dela. (Ricardo, 37; esposa, 50)

Para os pesquisados, as esposas são mais inteligentes, mais carinhosas, mais compreensivas, mais seguras e mais divertidas do que as mulheres mais jovens.

> Eu era muito galinha. Nunca tinha sido fiel, namorava um monte de garotas ao mesmo tempo, uma para cada dia da semana. Até que conheci minha mulher. Fiquei gamadão. Ela é muito carinhosa, divertida, nunca me cobrou nada. E aí fui ficando com vontade de ficar só com ela. As novinhas perderam a graça perto dela. (Francisco, 38; esposa, 58)

> Eu gosto de mulheres inteligentes. Sempre gostei. Eu tinha 21 anos quando conheci minha mulher. Fiquei fascinado com a inteligência dela, a segurança, o charme, a beleza. Nunca mais olhei para garotinhas, elas são muito inseguras, pegajosas, controladoras. Jamais seria feliz com uma mulher chata, odeio mulher que gosta de DR. Se precisa discutir a relação, é porque está uma merda. (Gilberto, 44; esposa, 57)

É muito interessante observar, nos depoimentos masculinos, certa estrutura do discurso sobre a escolha amorosa. Para eles, as esposas não são mulheres quaisquer, cujo principal diferencial é serem mais velhas. Elas têm muitas qualidades que as tornam especiais: são mais maduras, seguras, inteligentes, divertidas, carinhosas, compreensivas, atenciosas etc.

É importante destacar um fato: os pesquisados não têm uma carreira de escolha desviante em seus relacionamentos amorosos. Eles disseram que sempre se relacionaram com mulheres mais jovens.

Então, por que se casaram com mulheres mais velhas?

As respostas masculinas se concentraram em três principais motivos:

1. Ela é compreensiva.
2. Ela é divertida.
3. Ela é superior.

Ela é compreensiva

Os homens pesquisados destacaram a compreensão como a principal qualidade de suas esposas. Elas são extremamente carinhosas, atenciosas, generosas, disponíveis e dedicadas não só com eles, mas também com os filhos, netos, pais, familiares, amigos, vizinhos, colegas de trabalho.

Eles demonstraram ter muito ciúme da atenção, do cuidado e do tempo que elas dedicam "aos outros", afirmando querer ter mais tempo, cuidado e atenção "para si".

O cuidado, traduzido na compreensão, carinho, atenção, disponibilidade e dedicação delas para com eles, foi apontado como um dos principais diferenciais dessas relações.

Ela gosta de cuidar de mim, de fazer minha unha, de botar meu pé na água, de fazer massagem nos meus pés. Ela gosta de botar comida no meu prato, de fazer o almoço que eu gosto, de comprar minhas roupas. Quando estou dormindo, ela sai na ponta do pé, não deixa ninguém fazer barulho, tira o telefone do gancho, com preocupação de não me acordar de jeito nenhum, pode estar caindo o mundo que ela não me chama. Ela faz tudo para me agradar. (Sérgio, 36; esposa, 56)

Para eles, as esposas são diferentes das mulheres mais jovens, são superiores às "novinhas", pela capacidade de compreensão, acolhimento e orientação. Elas são, segundo eles, um "porto seguro", "transmitem paz", "dão colo", são mais compreensivas, maduras, experientes, sábias, parceiras, companheiras, cúmplices, carinhosas, atenciosas.

A minha admiração por ela é cada vez maior, e o amor também. Ela é uma pessoa que eu não conheço igual, está sempre de bom humor, mesmo com mil problemas acontecendo. Ela tem quatro filhos problemáticos. O pai deles mora longe, não é presente. Para ela tudo está bom, sempre para cima, não tem tristeza, às vezes eu estou para baixo e ela me ajuda, uma pessoa nota mil. Companheirismo, força de vontade, alegria de viver, excelente amiga de todo mundo, não tem tempo ruim para ela. Para mim ela não tem defeito. Ao menos unzinho, o único defeito é que ela torce pelo Fluminense. (Sérgio, 36; esposa, 56)

Os pesquisados disseram que suas vidas mudaram muito após o encontro com a esposa, uma transformação positiva nos moldes da fórmula "antes e depois". Eles afirmaram: "ela me ensinou a ser mais responsável, fiquei muito mais focado na minha carreira profissional"; "ela mudou a minha vida"; "ela salvou a minha vida".

Eu tenho uma cicatriz na cabeça de um tumor que eu tirei. Isso com seis meses a gente junto. Ela largou tudo, emprego, tudo, para ficar comigo. Nem os médicos tinham certeza se eu sairia vivo, tetraplégico, com sequela de fala. Depois eu fiquei sabendo que o meu pai, na véspera da cirurgia, falou para ela: "Vocês estão juntos há seis meses, não é justo contigo. Se ele sair com sequela, segue a tua vida." "Do jeito que ele sair, ele é meu, quem vai cuidar dele sou eu." E ninguém sabe o sufoco que a gente passou, ela me limpando, me levando para fazer fisioterapia. Eu fiquei mais de um ano sem trabalhar, a gente ficou numa situação apertada. Ela falou: "A gente come arroz, feijão e ovo e segue." Eu tinha que ir para o hospital meia-noite para de manhã ser atendido, e ela ia comigo. Ela ganhava bem, largou tudo para ficar comigo. Ela salvou a minha vida. Ela foi um presente de Deus. (Sérgio, 36; esposa, 56)

Eu era muito louco, eu tinha moto, andava com uma galera que era meio maluca. Ela foi a minha salvação, o meu anjo protetor. Ela me tirou de muita furada, eu andava de moto cheio de álcool, caí de moto, fiquei internado, seis meses sem andar. Hoje eu não saio de casa. Ela manda eu ir para a praia, eu compro a cervejinha e fico em casa, talvez por eu ter passado pelo lance de quase chegar à morte. (Bruno, 34; esposa, 56)

Ela sempre se preocupa bastante comigo: "Vai com essa roupa, leva o guarda-chuva." Ela teve um cuidado maior comigo no início, quando a gente se conheceu, porque eu não estava numa fase legal da minha vida, estava me envolvendo com algumas pessoas e eu abri o jogo para ela, eu fumava maconha e bebia muito. Ela conversou muito comigo e sempre me apoiou. Sem ela, nem sei onde estaria hoje, talvez nem estivesse vivo. (Hélio, 31; esposa, 42)

Eles afirmaram que mudaram porque queriam ser um homem melhor para elas. Não foi porque se sentiram obrigados ou pressionados por elas. A compreensão, o cuidado, o carinho e o apoio delas foram fundamentais para despertar o desejo de mudança, para "salvar" suas vidas.

Eu já fiz muita loucura na minha vida, me droguei muito, não tinha um trabalho, vivia com o dinheiro da minha mãe, de trambiques. Já fui até preso por causa de drogas. Ela me deu força para sair desta vida, me salvou das drogas, da bebida, dos vícios. Devo tudo o que sou hoje a ela. (Quico, 59; esposa, 69)

Ela me deixou livre: "No dia que você tiver que se ajeitar, você vai se ajeitar." E as coisas foram mudando, eu senti vontade de querer construir alguma coisa, porque o apoio foi ficando mais forte. Mulher novinha na rua chama atenção, eu vou olhar porque sou homem, ela passa rebolando, mas penso no apoio que a minha esposa me dá. Eu era muito de farra, muito de beber, de me envolver com gente que não presta, ela foi conversando comigo, em momento algum impôs nada. (Hélio, 31; esposa, 42)

Na pesquisa realizada para o livro *Por que homens e mulheres traem?*, encontrei uma diferença marcante entre homens e mulheres quando fiz a pergunta: "Quais os principais problemas que você vive ou viveu em seus relacionamentos amorosos?"

As mulheres responderam: falta de escuta, falta de intimidade, falta de comunicação, falta de diálogo, falta de conversa, falta de atenção, falta de amor, falta de carinho, falta de sexo, falta de tesão, falta de desejo, falta de maturidade, falta de responsabilidade, falta de compatibilidade, falta de individualidade, falta de organização, falta de elogio, falta de romance, falta de companhia, falta de companheirismo, falta de cumplicidade, falta de amizade, falta de tempo, falta de respeito, falta de admiração, falta de dinheiro, falta de interesse, falta de reconhecimento, falta de reciprocidade, falta de sensibilidade, falta de intensidade, falta de igualdade, falta de alegria, falta de paixão, falta de liberdade, falta de confiança, falta de sinceridade, falta de fidelidade etc. Algumas ainda responderam: "Falta de tudo!"

Enquanto os homens foram extremamente econômicos e objetivos em suas respostas, algumas mulheres chegaram a anexar mais folhas ao questionário aplicado para acrescentar mais e mais faltas masculinas.

Os homens responderam basicamente: falta de compreensão. Alguns também disseram: falta de carinho e falta de cuidado.

Uma ex-namorada vivia dizendo que sou imaturo, que eu queria uma mãe, não uma mulher. As amigas dela diziam a mesma coisa de todos os homens. O engraçado é que nunca ouvi um só homem dizer que quer uma mãe. Ela nunca perguntou o que eu quero. Ela decretou: "Ele quer uma mãe." Quer dizer que querer carinho, compreensão, cuidado de uma mulher é querer uma mãe? Encontrei na minha mulher tudo o que eu sempre sonhei e sou muito feliz com ela. E ela não é minha mãe, é minha mulher. (Quico, 59; esposa, 69)

É muito importante destacar que, nos casamentos aqui estudados, os homens não se queixaram de falta de compreensão, de carinho e de cuidado. É justamente por serem mais compreensivas, carinhosas e cuidadoras que suas esposas são consideradas superiores às mulheres mais jovens.

Ela é divertida

Os homens pesquisados afirmaram que são, na realidade, mais velhos do que as esposas. Elas são mais divertidas, alegres, leves, simpáticas, brincalhonas, extrovertidas, animadas, cheias de energia. Elas, muito mais do que eles, gostam de brincar, rir, dançar, passear, viajar, visitar amigos e familiares. Já eles preferem ficar em casa, vendo televisão ou, no máximo, tomando uma cerveja.

> O que mais gosto é o jeito divertido dela, alegre, qualquer coisa já está na brincadeira. Eu sou mais quieto, ela brinca o tempo todo. Tem o espírito jovem, mais do que o meu, porque eu sou mais velho, eu tenho a cabeça mais velha. (Bruno, 34; esposa, 56)

Eles disseram que são, na verdade, mais velhos do que as esposas. E, por se sentirem — ou até mesmo parecerem — mais velhos, não se incomodam com a diferença de idade.

Minha mulher brinca toda hora: "Você vai me querer quando eu tiver 65?" "Lógico, você vai continuar a gatinha de sempre." "Você vai me querer aos 75, 80?" "Você vai ser uma velhinha muito gostosa, divertida e alegre." (Ernesto, 40; esposa, 56)

Minha mulher parece muito mais nova. Ela ri de tudo, o tempo todo, está sempre feliz. Eu acho minha mulher deliciosa: ela é bem magrinha, e pessoa magra não tem como cair, não tem gordurinha localizada. Quem olha não diz que ela tem filho. Algumas vezes ela fica grilada com idade, corpo, rugas, barriga, estrias e celulites. Não consigo enxergar nada disso. (Hélio, 31; esposa, 42)

Eles parecem não dar importância ou, melhor ainda, não enxergar os sinais da idade e imperfeições de suas mulheres.

Ela fala que está ficando velha. Só que eu não vejo isso, vejo a essência dela, não vejo pele, se está mole. Para mim está tudo perfeito, eu não vejo defeito. Mas sinto a preocupação dela, que daqui a pouco vai ter 60 anos. Eu digo: "Você está linda! Por que quer mexer no peito? Não precisa, seu peito está lindo. Você quer fazer para alguém?" "Não, é para você." "Já que é para mim, deixa do jeito que está." (Sérgio, 36; esposa, 56)

Daqui a dez anos eu vou ter 55 e ela 65. A minha mãe é casada com um cara que é quinze anos mais novo do que ela. Quando minha mãe se casou, tinha 40 anos e o cara 25, e hoje ela tem 70 e o cara 55, o cara é inteiro e a minha mãe é uma senhora, eu vejo que hoje eles têm sérios problemas. Sei que isso não vai acontecer com nós dois, pois minha mulher tem uma energia muito boa, leve, positiva. (Vinícius, 45; esposa, 55)

Todos afirmaram que suas esposas são mais jovens do que eles, o que pode ser explicado pela ideia de jovialidade associada a características como leveza, bom humor, alegria, otimismo, energia.

Em nenhum momento penso que ela tem 56 anos. A coisa mais engraçada: às vezes eu vejo uma senhora, acho uma coroa, e a mulher tem uns 50 anos. Mas com ela eu não vejo isso, às vezes eu me sinto mais velho do que ela. Sou sério, rabugento, chato. A filha dela me chama de pai. Vai fazer 28 anos e me chama de pai. Eu não vejo a idade da minha mulher, esqueço que ela tem 56. Eu nem me lembro disso, isso não é importante e nunca foi. (Sérgio, 36; esposa, 56)

É possível perceber uma contradição nos discursos masculinos. Se a diferença de idade não é realmente importante, por que insistem tanto em dizer que são, na verdade, mais velhos do que as esposas?

Se o que eles mais valorizam é o fato de ela ser divertida, compreensiva e carinhosa, por que eles apontam a jovialidade delas, tanto física quanto, especialmente, de temperamento, como uma de suas qualidades mais marcantes?

Ao ressaltar que elas, "na verdade", são mais jovens do que eles, de certa forma, mesmo que inconscientemente, estão atribuindo um grande valor à juventude feminina. Esse discurso pode ser também um mecanismo autojustificativo de defesa, já que eles seriam — ao menos no temperamento — mais velhos do que elas. Assim, simbolicamente, não estariam subvertendo a lógica da dominação masculina. Ao contrário, estariam reforçando essa lógica, já que se consideram (e são considerados) mais velhos do que elas.

Ela é superior

É impressionante a quantidade de características positivas atribuídas às esposas. Os pesquisados afirmaram que elas são: compreensivas, carinhosas, atenciosas, dedicadas, generosas, delicadas, divertidas, alegres, bem-humoradas, engraçadas, risonhas, brincalhonas, animadas, amigas, parceiras, companheiras, disponíveis, joviais, inteligentes, maduras, sábias, experientes, bonitas, sensuais, atraentes, independentes, interessantes entre inúmeras outras qualidades.

> Eu acho que a inteligência é afrodisíaca. Minha mulher me orienta, me dá muita luz, é uma pessoa muito sábia, muito experiente, meu bálsamo. Eu descanso a cabeça em paz, seguro. A gente se dá muito bem sexualmente, nossas ideias e valores são muito parecidos. O que eu posso querer mais? (Sérgio, 36; esposa, 56)

Eu tenho muito medo de perder a minha mulher, como eu vou achar uma mulher igual? As mulheres que eu conheço são insuportáveis, exigentes, reclamonas, chatas, pesadas. Nunca namorei uma mulher como ela, eu sei valorizar a mulher que eu tenho. Agradeço a Deus todos os dias por ter encontrado uma mulher como eu sonhava. (Ernesto, 40; esposa, 56)

Temos uma vida maravilhosa, conversamos muito, rimos bastante, transamos muito gostoso. Ela é muito carinhosa, delicada, inteligente, independente, interessante, sempre cheia de projetos. É uma delícia ter uma mulher com quem eu gosto de fazer tudo: transar, ver televisão, passear, conversar. (Ulisses, 52; esposa, 65)

Um dos pesquisados ainda disse: "Ela não tem defeitos. Para mim, é a mulher mais perfeita do mundo."

Foi paixão à primeira vista. Lógico que a beleza atrai, o corpo atrai. Mas não foi só isso. O que mais me atraiu foi a delicadeza dela. Ela é muito delicada, educada, atenciosa, carinhosa com todo mundo. É raro encontrar uma mulher assim. As meninas são grossas, marrentas, sem educação. Ela é muito compreensiva, conversa sobre tudo. Nunca grita, briga e discute. Eu me sinto muito confortável com ela, temos muita intimidade. Adoro fazer tudo com ela, nossa vida é uma delícia. (Milton, 36; esposa, 55)

Para ficar com ela, tive que batalhar muito. Ela poderia ter escolhido o homem que quisesse, mas me escolheu. Ela diz que é porque sou romântico e, lógico, muito gostoso na cama. Ela sempre achou que ia acabar logo, que eu iria querer uma mulher mais jovem. Já estamos casados há mais de dez anos e ela ainda diz isso. Como ela não percebe que dá banho em qualquer gatinha? (Tiago, 33; esposa, 59)

Para os pesquisados, a juventude feminina não é um valor, mas uma ausência de valor.

Uma mulher mais velha pode oferecer conversas mais interessantes, pode desenvolver e estimular o potencial do seu companheiro e pode também atender as necessidades emocionais que alguém mais jovem não conseguiria atender. Homens também buscam experiência e querem ser valorizados e elogiados, coisas que as mais novinhas não sabem fazer. Hoje em dia é ainda mais fácil um jovem se interessar por uma gata mais madura, porque elas estão cada vez mais lindas. (Tiago, 33; esposa, 59)

Tive muitas namoradas mais novas antes da minha mulher. Elas eram muito inseguras e ciumentas: mexiam no meu celular para ver as mensagens, entravam no meu computador para ver com quem eu estava falando. Uma era louca, escandalosa, barraqueira. Era uma briga atrás da outra, chegou a jogar uma pedra no meu carro quando me viu conversando com uma garota do trabalho. Nunca tive este tipo de problema com a minha mulher. Ela pode até ter um pouco de ciúme, mas é tudo civilizado, controlado, normal. (Lucas, 40; esposa, 59)

Para eles, a juventude feminina significa cobrança, insegurança, imaturidade, infantilidade. A mulher mais velha pode dar muito mais para eles: compreensão, intimidade, apoio, orientação, segurança, liberdade, maturidade, sabedoria, equilíbrio etc.

A mulher madura é muito mais interessante do que a novinha. A garota de 18 anos é largada, quer usar chinelo. A madura é mais arrumada, mais elegante, mais cheirosa, mais sensual. (Ernesto, 40; esposa, 56)

Até pelo fato dela ser mais experiente, ela não força a barra. A mulher mais nova força muito a barra. Não tenho o menor saco para mulher que gosta de se fazer de menininha frágil e insegura. (João, 35; esposa, 46)

Eles reconhecem e valorizam a maturidade, experiência, equilíbrio, segurança e sabedoria de suas esposas.

Ela sempre me ajudou muito, porque tem hora que tenho problemas no trabalho, problemas na vida, e ela sempre me ajuda, me apoia totalmente. Eu nunca tive um nível de relacionamento nessa profundidade com uma pessoa mais nova. Muitas vezes não tenho consciência do que está acontecendo, e ela já me entende, me conhece, até pelo meu tom de voz. (Pedro, 50; esposa, 62)

Como eu vou conviver com uma pessoa mais nova cheia de inseguranças? Em nenhum momento eu tenho isso com ela. Eu tenho um porto seguro ali, um colo. Por que eu vou querer outra se estou acostumado com uma mulher como ela? Tem um universo dentro dela, várias estrelas, várias constelações. Não é só ter 18 anos, isso nunca foi o mais importante para mim. (Sérgio, 36; esposa, 56)

O discurso masculino sobre as esposas é de permanente amor, admiração, respeito e, principalmente, gratidão. Elas são consideradas superiores justamente por serem mais experientes, maduras, compreensivas. Esses capitais, para eles, são muito mais importantes em uma relação amorosa do que a juventude.

Todos os meus amigos acharam o máximo quando comecei a namorar a minha mulher. Eles estavam namorando umas chatas, bobocas, ciumentas, e eu cheguei com uma mulher independente, bem-sucedida, madura, segura, experiente, autoconfiante, bem--humorada, divertida, bonita, carinhosa, inteligente, tudo de bom. Eles ficaram com muita inveja. (Tiago, 33; esposa, 59)

Apesar de os pesquisados não enfatizarem este aspecto, é inegável a ascensão social que eles tiveram ao se casar com mulheres mais velhas. No início da relação, elas eram mais bem-sucedidas profissionalmente, mais escolarizadas, mais ricas, moradoras da Zona Sul do Rio de Janeiro.

Ela já tinha doutorado e eu estava no primeiro ano da faculdade. Ela vivia em um mundo de professores, intelectuais, e eu era um garoto bobo, começando a vida. Ela tinha um apartamento maravilhoso em Ipanema, onde morava com os filhos, e eu morava no subúrbio com meus pais. Graças a Deus isso não atrapalhou o nosso amor, apesar da pressão que sofremos de algumas pessoas que não acreditavam que o casamento iria durar. (Nilton, 52; esposa, 62)

Com o tempo, em muitos relacionamentos, essa diferença se tornou menor, ocorrendo até mesmo casos de inversão.

Quando começamos a namorar, ela era uma empresária bem-sucedida e eu um estudante. O negócio dela não deu certo e eu fui me firmando profissionalmente. Hoje, eu ganho muito mais do que ela e pago todas as despesas da casa, inclusive ajudando os filhos e os netos dela. (Otávio, 42; esposa, 57)

Todo mundo achava que eu estava me aproveitando dela, porque ela era rica, só tinha amigos ricos. Só que eu me dei muito bem profissionalmente e meu salário agora é maior do que o dela. Nós nunca tivemos problemas no início, porque ela sabia que eu estava com ela por amor, não por interesse. (Nilton, 52; esposa, 62)

A superioridade da esposa se torna ainda mais evidente quando ela é comparada à inferioridade das mulheres mais jovens.

> Sempre me perguntam: "Por que você prefere as mulheres mais velhas?" Acho estranha esta pergunta, pois eu não prefiro uma mulher mais velha. Eu me apaixonei pela minha mulher porque ela é o oposto das mulheres dependentes, chatas e inseguras que namorei. Não é porque ela é mais velha que eu me apaixonei, é porque ela me faz feliz. (Pedro, 50; esposa, 62)

> Já estou casado há quase trinta anos e algumas pessoas ainda estranham o fato da minha mulher ser mais velha. Acham que estou com ela porque não tive outra escolha. Muito pelo contrário. Poderia estar com uma mulher mais jovem, tive e tenho várias oportunidades. Só que nunca tive paciência para criancices. Encontrei uma mulher que tem maturidade, experiência, coisas para me ensinar. Por que iria querer outra? (Claudio, 52; esposa, 62)

Nos discursos dos pesquisados, a juventude feminina não é um capital valioso para um casamento feliz, sendo muito mais valorizada a maturidade que possibilita uma relação com compreensão, cuidado, bom humor e companheirismo. É nesse sentido que a mulher mais velha é muito superior às demais, especialmente quando ela é comparada às mulheres mais jovens.

Por que as mulheres preferem os homens mais jovens?

As mulheres falaram muito mais de si mesmas do que dos maridos; ao contrário deles, que passaram a maior parte do tempo falando dos atributos positivos delas.

Elas foram muito autoelogiosas, parecendo querer justificar o interesse deles por elas, como se fosse necessário compensar a falta de juventude com a abundância de outras qualidades.

Os elogios que fizeram a si mesmas parecem funcionar como um mecanismo de compensação: o fato de serem mais velhas, e consequentemente possuírem inúmeras qualidades que as mulheres mais jovens não têm, faz delas mulheres "superiores".

É muito curioso observar que, para os homens, as principais qualidades de suas esposas são características do tipo "o que elas são": compreensivas, divertidas e superiores às demais mulheres.

Já para elas, as principais qualidades dos maridos são relacionadas a "o que eles me fazem sentir":

atraentes, jovens e superiores às outras mulheres, especialmente as mais jovens.

O discurso masculino enfatiza que "ela é superior", enquanto o discurso feminino ressalta que "ele me faz sentir que eu sou superior".

Elas destacaram como as principais qualidades de seus maridos:

1. Ele me faz sentir atraente.
2. Ele me faz sentir jovem.
3. Ele me faz sentir superior.

Ele me faz sentir atraente

As pesquisadas afirmaram que a maturidade tem um forte poder de atração, uma espécie de magnetismo, que as torna cada vez mais atraentes. Disseram que, quanto mais anos acumularam, mais passaram a atrair os homens mais jovens.

> Eu ando na rua e percebo que muitos meninos novos me olham. Meus alunos têm um olhar de admiração, me olham como uma deusa inatingível, uma mulher atraente e poderosa. (Quitéria, 48; marido, 28)

> Homens da minha idade olham para as minhas filhas, não para mim. E os mais jovens olham para mim. O que eles enxergam? Minha atitude diante da vida, positiva, corajosa, madura. (Nádia, 50; marido, 32)

Pode-se perceber que elas transformam a falta de juventude em virtude. Ou ainda, como diria Erving Goffman (1975), que elas manipulam o possível estigma para produzir uma situação de superioridade.

> Ele sabe que estou com ele porque quero, e, na hora que eu não quiser, vou embora. Não sou uma jovenzinha chata e dependente. (Dora, 49; marido, 28)

> Acho que ele se apaixonou pelo meu temperamento, minha personalidade. Eu sou extrovertida, alegre, divertida. Ele me admira muito e me respeita por eu ser mais segura, mais madura, mais sensual. Que garota tem tudo isso? (Olga, 47; marido, 36)

Elas afirmaram que sempre recebem muitos elogios dos maridos.

> Ele me elogia muito. Às vezes eu digo que sou cheia de defeitos. Eu faço uma comida, ele diz que está deliciosa. Ele sempre diz: "Tudo que você faz é perfeito." Eu peço para ele mostrar os meus defeitos para eu poder melhorar, mas ele diz que eu não tenho defeito. (Yasmin, 56; marido, 36)

> Ele me trata exatamente como sempre sonhei. Eu toda horrorosa: "Você está linda, você está bonita assim mesmo." Eu me olho no espelho e vejo uma velha enrugada. Ele me enxerga como uma mulher linda. (Glória, 56; marido, 34)

Elas disseram que o sexo é um dos elementos mais gostosos do casamento. É um sexo mais prazeroso, principalmente porque os maridos "ainda" sentem desejo por elas. O fato de homens mais jovens sentirem atração por elas, e não por mulheres mais jovens, é muito valorizado.

Eu não queria saber de sexo quando era mais jovem, porque tinha quatro crianças pequenas, sempre trabalhei, tive empresa, era uma loucura. Então agora é muito mais gostoso. Ter um homem com desejo por mim me provoca ainda mais prazer. É o melhor remédio para aumentar a minha autoestima. (Yasmin, 56; marido, 36)

Na parte sensual, uma mulher da minha idade conhece muito mais o próprio corpo, sabe o que quer sexualmente, muito mais do que uma garota de 23 anos. Eu digo: "Eu gosto assim, vai caminhando por aí que está indo legal", e ele gosta disso também. Isso ele não vai encontrar em uma garota mais nova. Mas vou falar a verdade: o que mais me deixa feliz, mais do que gozar, é sentir que só de encostar em mim o pau dele fica duro, é sentir que ele ainda tem muito tesão por mim. (Kátia, 46; marido, 35)

Elas revelaram que muito mais importante do que o próprio desejo sexual é o fato de "ainda" serem desejadas. Elas desejam o desejo do marido.

Eu escuto mulheres mais jovens dizendo que os maridos não transam mais, que só fazem sexo uma vez por mês e olhe lá. Eu me considero uma sortuda. Meu marido está sempre me querendo. Às vezes eu nem estou com vontade, mas só de sentir que ele está excitado eu já fico feliz. Adoro sentir que ele ainda fica excitado assim. (Sara, 63; marido, 52)

Pode-se perceber que, apesar de falarem do próprio prazer, elas parecem dar muito mais valor ao fato de "ainda" serem atraentes. Ao utilizarem o "ainda" em seus discursos, demonstraram que acreditam que o mais "natural" seria que as mulheres mais velhas não fossem mais desejadas sexualmente, principalmente por homens mais jovens.

A parte sexual é muito boa, temos uma química muito gostosa. Desde o início foi muito bom. Muitas vezes eu não gozo, mas mesmo assim sinto prazer. É um momento de intimidade, de carinho, de entrega. Fico surpresa de ele ainda ter tanta vontade. (Roberta, 61; marido, 47)

Sei que não sou nenhuma gatinha, que minha bunda está cheia de celulite, meu peito está caído, minha barriga está flácida. Mas ainda me sinto uma mulher atraente porque ele continua com muito tesão. (Bruna, 57; marido, 36)

O "pau duro" dos maridos — homens mais jovens — é percebido como uma espécie de troféu, uma prova concreta do poder de atração que elas "ainda" exercem. Como disse uma das pesquisadas: "O tesão dele me dá muito tesão." E outra: "Tenho muito tesão quando percebo que ele está com tesão."

Assim, para muitas pesquisadas, a principal qualidade masculina seria a de conseguir fazê-las sentir que são atraentes em um mercado de casamento, e também em um mercado sexual, extremamente competitivo. Elas celebram a capacidade que "ainda" possuem, "apesar da idade", de serem desejadas. Mesmo sendo mais velhas, elas "ainda" despertam o "tesão" que tanto desejam. Mais do que uma prova concreta de que "ainda" são atraentes, o "pau duro" parece funcionar como uma forma de reconhecimento do próprio valor como mulher.

> Fico maravilhada cada vez que ele fica de pau duro. Algumas vezes estou com preguiça de transar, mas logo penso: "Nossa, é um milagre ele ainda querer transar comigo, depois de tantos anos." Aí venço a preguiça e transo com a maior alegria. O que pode mais querer uma mulher, de qualquer idade, do que um marido apaixonado e fiel? (Roberta, 61; marido, 47)

Como mostrei em inúmeros estudos, o marido é um verdadeiro capital em um mercado matrimonial e sexual em que os homens disponíveis são escassos. Capital ainda mais valioso quando é fiel. A competição feminina por um marido, especialmente na faixa etária das pesquisadas, é muito grande. Elas, então, enfatizam a própria superioridade e poder de atração para justificar a escolha deles por elas, em meio a uma oferta tão grande de mulheres mais jovens.

Ele me faz sentir jovem

O discurso feminino é muito semelhante ao masculino em uma questão: ambos concordam que o marido é o mais velho da relação.

> Ele usa aqueles óculos de velhinho, casacos de velhinho, gosta de ficar em casa, na poltrona, vendo televisão. Ele tem cabeça, espírito e corpo de velho, eu não. Todo mundo acha que ele é mais velho do que eu. (Tereza, 56; marido, 44)

As pesquisadas afirmaram que os maridos são, na verdade, mais velhos do que elas, que eles têm "cabeça de velho", que eles pensam e se comportam como velhos. Elas, portanto, são mais jovens do que eles, em termos de comportamento, personalidade, espírito e até mesmo de aparência.

> Ele é que tem cabeça de velho, ele só gosta de coisa velha. As músicas são antigas, melancólicas, não gosta de teatro, de cinema, de restaurante, não gosta de sair, de passear, de visitar os amigos. Se eu deixar, ele fica em casa todos os dias, só vendo televisão. (Glória, 56; marido, 34)

A idade, aqui, conta menos do que o comportamento ou espírito jovem: alegre, divertido, brincalhão, festeiro e sociável.

A minha situação é meio gritante, eu tenho 56, meu marido tem 36. Mas eu acho que é o temperamento, a disposição, a forma como eu vejo a vida. Lá em casa o velho é ele, porque eu quero fazer tudo, já acordo com um sorriso até as orelhas. Ele é mais reservado, mais calado, mais sisudo. (Yasmin, 56; marido, 36)

Da mesma forma que ocorreu no discurso masculino, chama a atenção o fato de o discurso feminino enfatizar que os maridos, "na verdade", são mais velhos. Por que as mulheres insistem tanto em dizer que os maridos são mais velhos do que elas?

Mais uma vez é possível sugerir que há uma manipulação do estigma. Ao ressaltarem que são mais jovens, elas procuram restabelecer uma ordem social que determina que os homens devem ser superiores às mulheres. Portanto, elas não estariam subvertendo a lógica da dominação masculina, já que eles são, "na verdade", mais velhos do que elas.

Paradoxalmente, ao afirmarem que são, "na verdade", mais jovens do que eles, revelam a importância atribuída à juventude feminina. Apesar de ressaltarem as inúmeras qualidades que possuem, e de destacarem que são valorizadas por seus maridos por outros capitais — e não pela juventude —, elas demonstram que a juventude feminina é um valor.

Ao afirmarem que os maridos têm comportamento de velho, cabeça de velho, jeito de velho e até mesmo aparência de velho, elas comparativamente se colocam como tendo comportamento de jovem, cabeça de jovem, jeito de jovem e aparência de jovem.

Fica evidente que eles e elas buscam mecanismos para minimizar ou camuflar a diferença de idade. Um deles, e talvez o mais eficiente, é afirmar que, "na verdade", o marido é mais velho. A idade seria apenas um rótulo, uma etiqueta, que não corresponderia à realidade. Eles e elas tentam mostrar que "a verdade" estaria em outros quesitos, como o comportamento, o espírito, o temperamento, o jeito, a cabeça e, em alguns casos, a aparência de velho.

Quando dizem que "os outros também acham que ele é mais velho do que eu", parecem buscar uma prova mais objetiva e social para essa "verdade".

Como afirmou Simone de Beauvoir, velho é sempre o outro. No caso das mulheres pesquisadas, velho é o marido. Os maridos também afirmaram que eles são os velhos da relação. Eles parecem compactuar com a ideia de que, apesar da diferença de idade, elas permanecem jovens, ou, ao menos, mais jovens do que eles.

Ele me faz sentir superior

As pesquisadas afirmaram que o relacionamento começou como uma brincadeira sem qualquer expectativa de compromisso. Elas disseram que não pensavam no futuro e acreditavam que o relacionamento não iria durar muito tempo. Só queriam se divertir e aproveitar o momento.

Quando nos conhecemos, eu era uma mulher de 40 anos, com dois filhos adultos, e ele um garoto de 19. Nunca imaginei que iria me casar com ele, só queria me divertir, aproveitar a vida. Ele sempre quis casar, ter uma família. Todo mundo foi contra no começo, mas acabaram esquecendo a diferença de idade quando viram que ele não iria me trocar por uma garotinha. Ele sempre foi muito sério, cuidou de mim, dos meus filhos e dos meus netos como se fossem dele. (Xênia, 78; marido, 57)

Nosso primeiro encontro foi só sexo casual. Eu tinha acabado de me separar e não queria um novo relacionamento. Foi tudo muito gostoso, mas eu não tinha qualquer ilusão de que iria durar. Mas ele voltou uma, duas, três vezes e logo estávamos morando juntos. Eu achava que, depois dos 50, não ia querer me casar de novo. Mas, desde o início, foi a melhor relação de toda a minha vida. (Sara, 63; marido, 52)

Em função da diferença de idade, elas achavam que a relação iria terminar rapidamente e eles logo encontrariam uma namorada mais jovem. No entanto, a relação que seria passageira se tornou duradoura.

> No começo eu achava que não iria durar nada, que era só uma brincadeira sem compromisso. Agradeço a Deus todos os dias por ter me dado a possibilidade de viver um amor tão gostoso, um amor de verdade, antes de morrer. Ele também agradece a Deus por ter encontrado a mulher que tanto buscava. Fiquei surpresa quando comemoramos nosso aniversário de um ano, de cinco anos, de dez anos. Quem diria que estaríamos juntos e felizes mais de vinte anos depois do nosso primeiro encontro? (Roberta, 61; marido, 47)

> Nos conhecemos no carnaval. Ele me deu um mole rasgado, e eu pensei: "Eu vou trocar a fralda dessa criança", porque ele era muito gato. Uma amiga disse: "Você é louca!" "Louca eu vou ser se não pegar esse cara." "Ele é uma criança!" "E daí, qual é o problema? Eu não vou ver ele nunca mais na minha vida." (Kátia, 46; marido, 35)

É recorrente a ideia do caráter efêmero, de brincadeira, do início do relacionamento, como se a diferença de idade fosse, por si só, um obstáculo para qualquer promessa de futuro.

Parece que o fato de as mulheres encararem a relação como uma brincadeira acabou fortalecendo a atração deles por elas.

Vale lembrar que os homens destacaram a leveza, o bom humor e a alegria de suas esposas como qualidades que as diferenciam das mulheres mais jovens.

No início eu me sentia insegura, principalmente quando as garotas se aproximavam dele. Mas ele sempre disse que isso era bobagem, que nunca iria me trocar por uma garotinha imatura. Muitas vezes ele demonstrou ter ciúme de mim, de homens que me achavam interessante. Ele aprendeu muito comigo, inclusive a ser mais leve, a rir mais, a se divertir. Antes ele era tão sério que chegava a ser um pouco chato. (Xênia, 78; marido, 57)

Todas afirmaram que têm a certeza de que eles são, e sempre foram, fiéis.

Nós não brigamos, não existe problema de infidelidade. Se uma mulher olha para ele, eu tenho ciúme, mas olho para ela, vejo se está com tudo em cima para fazer a comparação que todas nós, mulheres, fazemos. Se estiver, pego o meu amor e vou embora para casa. (Yasmin, 56; marido, 36)

Quando estou trabalhando, ligo para ele: "Vai para a praia, vai ver bunda." Ele diz: "Não, eu não quero, eu quero ficar em casa, eu vejo a sua bunda quando você chegar." Ele é ótimo comigo, fiel, parceiro, eu trabalho de manhã e ele de tarde, ele fica em casa e lava a roupa, arruma a casa, limpa vidro, aí fala: "Já fiz tudo para você chegar em casa e ver televisão, não vai para a rua. Me espera que de noite eu vou te dar um pega." (Glória, 56; marido, 34)

Elas disseram que eles sentem ciúme da atenção que elas dedicam aos outros: filhos, netos, amigos, familiares etc.

> Meu marido tem a idade dos meus filhos. A princípio não acreditaram, ninguém acredita se contarem que tem uma mulher de 56 com um marido de 36. Mas eu não me importo, a gente tem que ser feliz, ninguém pode ser infeliz para agradar o outro. Mas rola ciúme. Ele tem muito ciúme da atenção que dou para os meus filhos e netos. Implicâncias juvenis. Ele compete com eles. Quer atenção, carinho e cuidado só para ele. Se faço uma comidinha especial para os meus filhos, tenho que fazer para ele também. Parece criança mimada querendo ser o centro da atenção. (Yasmin, 56; marido, 36)

> Ele gosta de se sentir importante, que eu dê atenção, mas eu não vejo como uma necessidade maternal. Ele gosta dessa atenção, de paparico, de elogio, de carinho. Ele exige muito mais de mim do que eu exijo dele. (Glória, 56; marido, 34)

No discurso autoelogioso das pesquisadas, aparecem alguns elementos recorrentes. Elas se consideram mais divertidas, mais bem-humoradas, mais alegres, mais leves, mais interessantes, mais independentes do que as mulheres mais jovens. Também acreditam que despertam a inveja de outras mulheres, inclusive de mulheres mais jovens. Os maridos alimentam esse sentimento com elogios constantes.

Já aconteceu várias vezes de meninas lindas me olharem com um misto de inveja e de admiração. E dizerem: "Meu sonho é ter um casamento como o seu." Acho até engraçado, pois eu morro de inveja dos peitinhos, das bundinhas, das peles lisinhas delas. Mas a verdade é que meu marido parece nem enxergar o que eu vejo nelas. Parece só ter olhos para mim. (Roberta, 61; marido, 47)

Ele sempre diz que as mulheres mais jovens são competitivas, cheias de joguinhos, que elas exigem demais, reclamam de tudo. Ele não suporta brigas e diz que as ex-namoradas brigavam por qualquer motivo, que viviam discutindo a relação, que eram chatas, destrutivas, negativas, pesadas. Ele sempre me elogia, diz que adora o meu jeito alegre, leve, positivo, construtivo. Ele vive dizendo que aprende muito comigo, que se tornou uma pessoa muito melhor por minha causa. (Maria, 71; marido, 59)

Elas destacaram a importância da segurança: tanto a que transmitem, por serem mulheres mais maduras e experientes, quanto a que sentem por parte deles.

Eu me sinto péssima quando tem uma garota bonita por perto. Meu marido até pode fazer um comentário, mas é sempre algo que me deixa segura. O caso mais recente aconteceu em uma festa. Eu queria ir embora, porque uma garota linda, com o maior decote, ficava fazendo gracinhas para ele. Aí ele disse baixinho para mim: "Nossa, que menina chata, pegajosa, ridícula." (Roberta, 61; marido, 47)

Eu me sinto muito segura com ele. Minhas amigas acham que ficariam com medo de ter um marido mais novo. Acham que ele deve ser infiel ou pode me trocar por outra mais nova. Tenho todos os motivos para acreditar que ele sempre foi fiel, que me ama, que valoriza a nossa vida. Sei que ele se sente feliz comigo. Por que ele iria me trair? (Maria, 71; marido, 59)

Elas disseram que o êxito do relacionamento se sustenta no cotidiano, no presente, no dia a dia.

O segredo do nosso casamento é pensar que ele pode acabar amanhã. Como acho que ele pode me deixar quando eu ficar mais velha, aproveito todos os dias como se fosse o último. Tento ser a mulher mais companheira, amiga, alegre, doce, carinhosa que consigo ser. Aprendi a ser a melhor versão de mim mesma, todos os dias. (Roberta, 61; marido, 47)

Todas as pesquisadas foram casadas anteriormente com homens mais velhos. Elas fizeram muitas comparações entre o ex-marido e o atual.

Meu atual marido me valoriza, me elogia, me admira, me respeita. Meu ex só me criticava, me botava para baixo, destruía a minha autoestima. Não dá nem para comparar. (Rosa, 65; marido, 53)

Meu ex-marido nunca me fez feliz, sempre foi infiel, bebia, nunca tinha dinheiro. Hoje, sou muito feliz e sei que faço o meu amor muito feliz. Ele faz tudo para me agradar e não reclama de nada. Me trata como uma verdadeira princesa. (Leona, 40; marido, 30)

Recorrentemente, os homens compararam suas esposas com mulheres mais jovens, especialmente com ex-namoradas. Em alguns casos também fizeram comparações com suas próprias mães. Nas comparações, eles apontaram inúmeras qualidades positivas de suas esposas. Elas são consideradas muito superiores às demais mulheres.

Para muitas pesquisadas, a principal qualidade dos maridos é exatamente essa capacidade de enxergar e de reconhecer que elas são muito superiores às outras mulheres, especialmente as mais jovens.

O inferno são as outras mulheres

Para as pesquisadas, o olhar de reprovação dos outros, especialmente o das outras mulheres, é motivo de constrangimento e de vergonha.

Ele é um homem muito bonito, sempre foi um gatinho, imagina aos 19 anos. E eu uma mulher com dois filhos da idade dele. Sempre percebi olhares de censura, de reprovação. No início tinha muita vergonha, evitava alguns lugares. Ele nunca ligou para isso, sempre teve o maior orgulho de mim. (Xênia, 78; marido, 57)

Elas disseram que têm medo de que os outros pensem que elas sustentam os maridos

Eu tenho a impressão de que, quando eu passo com ele, as vizinhas pensam: "Ela deve ganhar muito mais do que ele, ela está sustentando ele, ele só está com esta velha por interesse." (Paula, 50; marido, 32)

Eu já era professora, tinha a minha casa. Ele estava começando a faculdade e morava com os pais. Minhas amigas achavam um absurdo eu me casar com um estudante. Mas logo ele começou a trabalhar e em pouco tempo ele dividia tudo comigo. O dinheiro era um problema para elas, mas nunca foi um problema para nós dois. (Xênia, 78; marido, 57)

Elas contaram que as amigas criaram muitos obstáculos no início da relação.

Na época em que ele fazia faculdade, quem bancava a casa era eu. Eu ouvi das minhas amigas que ele estava comigo só por interesse, que não era nada sério. (Quitéria, 48; marido, 28)

"Ele acha que você tem dinheiro porque você mora em Copacabana, pensa que você vai sustentar." Até mesmo minhas melhores amigas diziam que eu merecia uma coisa melhor, algumas até deixaram de falar comigo. No início, eu também era preconceituosa, nunca me imaginei com um homem mais novo, achava um escândalo. (Fernanda, 51; marido, 41)

Elas relataram situações em que o marido foi confundido com um filho por outras mulheres.

Uma mulher me perguntou se ele era meu filho. Eu fiquei tão constrangida, tão envergonhada, que eu disse que era. (Glória, 56; marido, 34)

Como eu tenho dois filhos da idade dele, quando eu saía com ele e meus filhos algumas pessoas achavam que eu tinha três filhos. Uma vez uma mulher me disse: "Nossa, tão jovem e bonita e com filhos tão grandes. Parece irmã deles." Era um constrangimento para mim, morria de vergonha, mas ele achava graça da situação. (Xênia, 78; marido, 57)

Os maridos parecem não se importar com os preconceitos e julgamentos alheios.

Sempre que eu me sentia mal e tentava me esconder, ele me puxava e me exibia com orgulho. Ele sempre teve, e continua tendo, muito orgulho de mim. Acho que, se não fosse a atitude dele, eu não teria aguentado o olhar de nojo de algumas mulheres que achavam que eu estava com um homem que poderia ser meu filho. (Xênia, 78; marido, 57)

As pesquisadas disseram que sofreram muito com a censura e reprovação das mães e das filhas.

Minha filha tem 33 anos e ele tem 32. Quando ela o conheceu: "Seu filho?" Eu disse: "Eu não tenho filhos homens." "Mãe, você é doida? Não vê que ele é muito novo?" (Paula, 50; marido, 32)

Até hoje minha mãe fala: "Você é muito mais velha do que ele, isso aí é só sexo casual." Eu sempre coloquei minha mãe no lugar dela: "Você teve a sua história, eu tenho a minha, lamento se você quis ter uma vidinha de crochê." (Alice, 48; marido, 33)

As sogras também foram obstáculos difíceis de serem superados. Nesses casos, o mais importante foi o fato de não poderem ter mais filhos e, portanto, de suas sogras não enxergarem a possibilidade de ter netos.

> O mais difícil foi convencer a mãe dele que ele iria casar com uma mulher que não podia mais ter filhos. A mãe dele falava: "Como você pode casar com ela, ela não pode mais ter filhos. Meu filho vai ter que me dar um neto." Amanhã ele pode pensar: "Eu passei pela vida e não deixei nenhum fruto, não tenho nenhum filho." Eu quis adotar uma criança, mas ele falou: "Nós temos os seus netos, não vejo necessidade disso." (Xênia, 78; marido, 57)

> A mãe dele teve muita resistência: "Uma mulher mais velha, o que ela quer com o meu bebê?" A mãe dele é mais nova do que eu, ela tem 47 anos. Separada do marido, depositava todos os sonhos no filho, e de repente eu fui lá e peguei o bebê dela. Ela veio com a história do botox, como quem diz: "Meu filho vai parecer jovem mais tempo e você vai aparentar ser velha." Eu falei: "Eu nunca vou usar botox." Ela viu que eu não estava de brincadeira. (Quitéria, 48; marido, 28)

É possível perceber que as mulheres internalizam as acusações de desvio, sentindo constrangimento e vergonha, ou criando obstáculos para a concretização dos casamentos em que elas são mais velhas do que os maridos. As pesquisadas revelaram seus próprios preconceitos relacionados a esse tipo de arranjo conjugal.

> Eu não aguento ver meu filho, de 26 anos, morando com uma velha de 60. Além de velha, ela é uma gorda que fuma e bebe sem parar. A filha dela tem 40 anos. E ela já tem dois netos adolescentes. Meu filho está com ela só por comodismo, por interesse. Ela patrocinou o desejo dele de sair da casa da mamãe. Ela banca tudo: viagens, carro, casa, comida e roupa lavada. Ele nunca precisou trabalhar. (Daniela, 50; marido, 38)

> "Você está muito velha para ele! Você não tem vergonha?" No fundo eu tinha vergonha, preconceito, medo. Pensava: "Garoto novo, você acha que ele vai querer alguma coisa com você? Ele vai querer vida boa." Pela idade, eu sempre chamava de meu filho. Ele reagia: "Eu não sou seu filho, que mania. Eu sou seu marido, você tem que me tratar como seu marido, não como filho." (Glória, 56; marido, 34)

No discurso masculino não aparece a internalização das acusações de desvio. Eles não falam de vergonha ou de constrangimento. Eles não criam obstáculos. Eles podem até se perceber como diferentes da maioria dos homens, mas não como inferiores. A diferença de idade é vista como positiva, pois eles acreditam que são casados com mulheres muito superiores às outras mulheres. É uma diferença distintiva, um traço de superioridade, um motivo de orgulho, não de vergonha.

Às vezes, andando na rua com ela, eu percebo uns olhares estranhos, mais de mulheres, olha para mim e olha para ela de cima a baixo, não sei o que elas pensam. Pode ser: "A coroa querendo tirar onda com o garotão." Eu nunca liguei para isso, tenho o maior orgulho, respeito e admiração pela minha mulher. (Milton, 36; esposa, 55)

O maior preconceito com relação a esse tipo de casamento vem, justamente, das mulheres. São elas que ficam mais preocupadas, inseguras, envergonhadas e constrangidas por casarem com um homem mais jovem, e são elas, também, as que colocam mais obstáculos.

Essa realidade sugere que o tabu da idade é algo, fundamentalmente, feminino. Apesar de serem as que mais sofrem com os preconceitos e acusações, são as mulheres que mais resistem a destruir o tabu da idade.

Quais são os segredos de um casamento feliz?

Os homens e mulheres pesquisados revelaram que um casamento que precisa enfrentar o tabu da idade, que necessita superar os obstáculos familiares e vencer medos, preconceitos e acusações, pode se tornar muito mais feliz do que relacionamentos mais aceitos socialmente.

Uma das principais razões para os casamentos estudados parecerem mais satisfatórios é que, exatamente pelo fato de terem de enfrentar tantos obstáculos, os casais buscam construir uma relação em que os pequenos problemas e conflitos do cotidiano, os desgastantes jogos de dominação — tão comuns e fatais para os casamentos contemporâneos — acabam sendo minimizados.

Os dois, homem e mulher, procuram ser o seu melhor com o cônjuge, e não o seu pior, como ocorre em muitos outros casamentos por mim pesquisados. Eles precisam "batalhar" muito mais do que os casais convencionais para ficarem juntos.

Ao inverterem a lógica da dominação masculina, que exige que os homens sejam superiores às mulheres em idade e também em outros atributos, os casais estudados parecem encontrar uma lógica compensatória.

As mulheres têm mais idade, mas são consideradas menos chatas, menos dependentes, menos infantis, menos ciumentas, menos pesadas, menos exigentes, menos demandantes, menos reclamonas, menos pegajosas, menos inseguras, menos grudentas.

Os homens têm menos idade, mas são mais atenciosos, mais românticos, mais carinhosos, mais dedicados, mais fiéis.

Por mais estranho que possa parecer, apesar de este tipo de relação ser considerado desigual, encontrei uma situação bastante equilibrada para os homens e mulheres pesquisados. Aparentemente, elas são percebidas como dando muito mais do que eles, em termos de posição social, situação financeira, maturidade, experiência, cuidado, carinho, atenção, compreensão. No entanto, eles dão aquilo que muitas mulheres desejam: o reconhecimento de que elas são superiores. Elas recebem a prova constante de superioridade em relação às outras mulheres, especialmente as mais jovens.

Eles usam recorrentemente a ideia de "salvação" para justificar o amor por elas.

Elas "salvaram" seus maridos das drogas, das más companhias, da bebida e talvez até da morte precoce. Eles estudaram e construíram uma vida profissional e familiar. E eles são gratos por isso.

A mesma ideia de "salvação" pode ser pensada no caso delas: eles as salvaram da invisibilidade em uma sociedade que valoriza a juventude feminina. Enxergaram nelas mulheres superiores às outras mulheres. Reconheceram o que é invisível e desvalorizado pelos outros — e, em muitos casos, por elas mesmas. Eles as "salvaram" da "morte simbólica" ou da "morte social" provocada pelo envelhecimento. E elas são gratas por isso.

Em um mercado afetivo e sexual extremamente desvantajoso para as mulheres, em especial para aquelas da faixa etária das pesquisadas, ter um marido é um verdadeiro capital. O marido, nesse caso, é um capital ainda mais valioso por escolher uma mulher mais velha, quando teria muitas possibilidades de escolher esposas mais jovens.

As mulheres pesquisadas se sentem duplamente poderosas: por terem o "capital marital" e, também, por serem consideradas superiores às mulheres mais jovens.

Mais ainda, em uma cultura em que a juventude é um valor, elas não sentem que perderam o valor por terem envelhecido. Ao contrário, sentem que ganharam amor, admiração e reconhecimento por outros capitais que acumularam durante suas vidas.

Elza Berquó (1998) afirmou que são muito raros os estudos sobre outras moedas de troca, além da juventude, oferecidas pelas mulheres e aceitas pelos homens no mercado matrimonial.

Com este livro, espero ter contribuído para a reflexão sobre as outras moedas de troca valiosas nos casamentos. Por meio dos casos estudados, acredito que é possível afirmar que, para alguns homens, os principais capitais para um casamento feliz só podem ser encontrados em mulheres mais velhas. E que, para muitas mulheres, os requisitos fundamentais para um casamento satisfatório só podem ser encontrados em homens mais jovens.

Howard Becker (1966) afirmou que não há razão para supor que somente aqueles que realizam um ato desviante tenham o impulso ou o desejo de fazê-lo. Para Becker, é muito provável que muitos indivíduos tenham o desejo de realizar comportamentos desviantes. Ele sugeriu que, em vez de perguntar por que os que são vistos como desviantes querem fazer coisas proibidas, deveríamos perguntar por que a maioria das pessoas não concretiza seus desejos e fantasias desviantes.

Ao constatar a felicidade e satisfação dos casais pesquisados, descobri que, em vez de perguntar por que determinados homens casam com mulheres mais velhas, é preciso questionar os motivos que levam a maioria dos homens a continuar preferindo casar com mulheres mais jovens.

Descobri também que é necessário questionar as razões que levam grande parte das mulheres brasileiras a aceitar e fortalecer, com seus medos, inseguranças e preconceitos, o tabu da idade.

Referências bibliográficas

BEAUVOIR, Simone. *A velhice*. Rio de Janeiro: Nova Fronteira, 1990.

BECKER, Howard. *Outsiders*: studies in the sociology of deviance. Nova York: The Free Press, 1966.

BERQUÓ, Elza. Arranjos familiares no Brasil: uma visão demográfica. In: NOVAIS, F. (Org.). *História da vida privada no Brasil*: contrastes da intimidade contemporânea. São Paulo: Companhia das Letras, 1998.

BOURDIEU, Pierre. *A dominação masculina*. Rio de Janeiro: Bertrand Brasil, 2010.

GOFFMAN, Erving. *Estigma*: notas sobre a manipulação da identidade deteriorada. Rio de Janeiro: Zahar, 1975.

GOLDENBERG, Mirian. *Coroas*: corpo, envelhecimento, casamento e infidelidade. Rio de Janeiro: Record, 2008.

———. *A Outra*. Rio de Janeiro: BestBolso, 2009.

———. *Intimidade*. Rio de Janeiro: Record, 2010a.

———. *Por que homens e mulheres traem?* Rio de Janeiro: BestBolso, 2010b.

———. *Toda mulher é meio Leila Diniz*. Rio de Janeiro: BestBolso, 2011.

———. *A bela velhice*. Rio de Janeiro: Record, 2013a.

———. *Homem não chora/Mulher não ri*. Rio de Janeiro: Nova Fronteira, 2013b.

———. RAMOS, Marcelo Silva. A civilização das formas: o corpo como valor. In: GOLDENBERG, Mirian (Org.). *Nu & vestido*. Rio de Janeiro: Record, 2002.

LÉVI-STRAUSS, Claude. *Estruturas elementares do parentesco*. Petrópolis: Vozes, 1982.

MAUSS, Marcel. *Sociologia e antropologia*. São Paulo: EPU, 1974.

QUILLINAN, Larissa. Coroas piriguetes: uma análise sobre envelhecimento, gênero e sexualidade. In: GOLDENBERG, Mirian (Org.). *Velho é lindo!* Rio de Janeiro: Civilização Brasileira, 2016.

Este livro foi composto na tipologia Minion Pro
Regular, em corpo 12/16, e impresso em
papel off-white no Sistema Cameron da
Divisão Gráfica da Distribuidora Record.